JASO 耐震総合安全機構　熊本地震被害調査団

2016年 熊本地震　被害記録と提言

くらしつづける街と建築へ

株式会社テツアドー出版

まえがき

被害調査の概要

　2016年（平成28年）4月14日の21時26分に熊本県の日奈久断層帯（高野-白旗区間）深さ11kmでマグニチュード6.5の地震が発生した。益城町で最大震度7を観測している。その28時間後の4月16日の01時25分に布田川断層帯（布田川区間）深さ12kmでマグニチュード7.3の地震が発生した。益城町と西原村で最大震度7を連続して観測している。その後も、4月16日の03時55分に阿蘇地方の震源深さ11kmでマグニチュード5.8の地震が発生し最大震度6強を観測している。さらに、4月16日の07時11分に大分県中部の震源深さ6kmでマグニチュード5.4の地震が発生し最大震度5弱を観測するなど、活発な地震活動が続いている。

　JASO（耐震総合安全機構）ではJIA（日本建築家協会）と協力しながら、東日本大震災後から第13次に及ぶ東北地方沿岸部の被災調査ならびに復興調査を継続している。その知見を活かして今回の熊本地震においても第1次と第2次の被災調査団を現地に派遣した。第1次調査は2016年（平成28年）5月30日から5月31日まで、熊本県益城町、熊本市湖東・東区、宇土市、熊本市中央区・北区・西区など地震による建物被害を調査した。第2次調査は2016年（平成28年）7月17日から7月19日まで、熊本県益城町、大津町、南阿蘇村、阿蘇市、大分県湯布院町、熊本市東区・中央区、宇土市、八代市など地震による建物被害ならびに崖崩れによる橋梁被害などを調査した。なお調査団には、JIAメンテナンス部会およびURD（建築再生総合設計協同組合）のメンバーも参加した。

　本調査の目的は、地震により被害を受けた建物と被害を受けなかった建物とを識別し、被害の実態を観察してメカニズムを解明し、国内および国外の建物や都市の耐震化や減災、被災後の機能維持や機能早期回復といった防災に資する提言をおこなうことにある。JASOでは建築技術者と構造技術者と設備技術者が総合的な耐震化を目指して活動している。戸建て住宅やマンション、店舗、オフィス、病院、公共施設などを所有する方々、利用する方々の生活者の視点に立って、どんな被害が生じているのか、被害の原因は何だったのか、被害を抑えるためには何をすべきだったのかを考えてみたい。

平成28年熊本地震　調査参加者名簿（五十音順）

第一次調査　調査日程：2016年5月30、31日

氏　名	所属会社名	JASO	JIA	URD
安達　和男	Adachi Archi Associate	○	○	
今井　章晴	㈱ハル建築設計	○	○	○
江守　芙実	江守設計一級建築士事務所	○	○	○
岡田　和広	㈱耐震設計	○		
岡部　則之	㈲岡部則之計画工房	○	○	○
菊地　守	アーキタイプ建築設計事務所	○	○	
鯨井　勇	㈱藍設計室	○	○	○
河野　進	㈱河野進設計事務所	○	○	○
近藤　一郎	㈲プラナーク設計	○	○	○
佐藤　寿一	耐震総合安全機構	○		
長尾　直治		○		
中田　準一		○	○	
堀尾佐喜夫	堀尾総合技術士事務所	○		○
三木　哲	㈲共同設計五月社一級建築士事務所	○	○	○
三木　剛	㈲共同設計五月社一級建築士事務所	○	○	
宮城　秋治	宮城設計一級建築士事務所	○	○	○

第二次調査　調査日程：2016年7月17、18、19日

氏　名	所属会社名	JASO	JIA	URD
安達　和男	Adachi Archi Associate	○	○	
阿部　一尋	㈱みらい		○	
今井　章晴	㈱ハル建築設計	○	○	○
岡田　和広	㈱耐震設計	○		
岡部　則之	㈲岡部則之計画工房	○	○	○
菊地　守	アーキタイプ建築設計事務所	○	○	
鯨井　勇	㈱藍設計室	○	○	○
河野　進	㈱河野進設計事務所	○	○	○
仲村　元秀	㈱ジェス診断設計	○		
町田　信男	㈲トム設備設計		○	
三木　哲	㈲共同設計五月社一級建築士事務所	○	○	○
三木　剛	㈲共同設計五月社一級建築士事務所	○	○	
宮城　秋治	宮城設計一級建築士事務所	○	○	○

- ■まえがき
- ■平成28年熊本地震　調査参加者名簿
- ■平成28年熊本地震　震源分布図 …………………………………………………… 6
- ■調査建物リスト ……………………………………………………………………… 8
- ■平成28年熊本地震　建物調査分布図 ……………………………………………… 12

■1. 調査報告 …………………………………………………………………… 15

No.	建物名	頁
1	熊本空港	16
2	益城町役場敷地内施設	17
2	益城町公民館	18
3	益城町役場	20
4	大津町役場	23
5	宇土市役所	24
6	八代市役所	26
7	熊本市立熊本市民病院	27
8	ＡＢ歯科診療所	29
9	ＣＤ医院	30
10	木山共同納骨堂	31
11	阿蘇大橋	32
14	パークドーム熊本	33
16	益城町立木山中学校	34
17	益城町文化会館	36
18	益城町総合体育館	37
19	益城町旧町民体育館	38
20	八代市立博物館	39
21	阿蘇望星学塾	40
22	南阿蘇村学生寮	42
24・25	阿蘇神社	45
26	熊本ホテルＡ	47
28	ピーエス社（旧第一銀行熊本支店）	48
29	Ｂホテル熊本交通センター前	50
30	菊南温泉Ｃホテル別館	51
32	中華料理Ｅ	52
33	ピアクレス健軍商店街	53
34	Ｆマーケット健軍	54
36	Ｈマンション平成一番館	55
37	メゾンＩ	56
38	Ｊマンション平成駅前一番館	57
39	Ｋビル	58
40	Ｌマンション Ⅲ	60
41	市営栄第一団地	61
42	Ｍマンション若葉第２	62
44	市営若葉団地	63
45	Ｏマンション若葉	64
46	Ｐマンション健軍	65
47	Ｑマンション保田窪本町	66
48	Ｒマンション保田窪	68
50	秋津Ｔマンション	70
51	県営住宅健軍団地 -1	71
51	健軍団地 -2	72
52	第一Ｕビル	74
53	コーポＲ	75
54	Ｖハイツ４号棟	77
55	Ｘマンション熊本駅南	78
56	Ｙビル	79
57	Ｙハイツ	80
58	第２Ｙハイツ	82
59	第３Ｙハイツ	87
60	市営入地団地１号棟	88
61	町営住宅辻団地	90
62	益城Ｚビル	91
63	益城町の木造住宅群	92
64・65	由布院駅舎ほか建築群	93
66	阿蘇・河陽の斜面崩壊と断層	95
67	益城町・三竹	97
68	益城町・杉堂	98

■2. 考察として …… 101

- 2-① 被害を受けなかった建物 …… 102
  安達　和男
- 2-② 熊本の地形と地質 …… 104
  近藤　一郎
- 2-③ 建物は時代と呼応して生きていく（建物の損傷とその時代） …… 110
  中田　準一・安達　和男
- 2-④ 熊本地震と地震地域係数 …… 112
  岡田　和広・佐藤　寿一
- 2-⑤ 建物の整形性 …… 114
  江守　芙実
- 2-⑥ ピロティ構造の崩壊 …… 116
  岡田　和広・佐藤　寿一
- 2-⑦ 増築された建物とエキスパンションジョイント …… 116
  大津町役場の問題から
  宮城　秋治
- 2-⑧ 目地とスリットからいわゆる「雑壁」について …… 122
  菊地　守
- 2-⑨ マンションの非構造壁の被害と作り方 …… 124
  今井　章晴・原田　光政
- 2-⑩ 連続型の地震 …… 130
  安達　和男
- 2-⑪-1 壊れなかった木造建物 他 …… 132
- 2-⑪-2 益城町で被害を受けた建物・被害を受けなかった建物 …… 136
- 2-⑪-3 南阿蘇村　学生向けアパート群他 …… 142
  鯨井　勇
- 2-⑫ 柱と土台から　木造工法雑感 …… 144
  菊地　守
- 2-⑬ 構造的な問題（地震荷重） …… 148
  長尾　直治
- 2-⑭ 設備的な問題 …… 152
  堀尾　佐喜夫・仲村　元秀
- 2-⑮ 市町村庁舎の耐震性 …… 158
  三木　剛
- 2-⑯ 医療施設の被害と耐震対策 …… 162
  森本　伸輝

■3. 提言へ …… 165

- 3-① 熊本地震とは何であったか …… 166
  三木　哲
- 3-② 災害発生後の住家被災調査 …… 170
  岡部　則之
- 3-③ マンションは改修して住み続ける事が出来る …… 174
  －震災復旧への道筋を時間軸で考える－
  今井　章晴
- 3-④ 傾いた被災建物の修復 …… 182
  岡部　則之
- 3-⑤ 復興、街づくり、設計へ …… 186
  河野　進

調査建物リスト

■公共施設

No.	地域	名称	用途	竣工	構造	階数
1	益城町	熊本空港ビル	空港	昭和49年、平成3年、平成11年	RC造	2階
2	益城町	益城町公民館	庁舎	不明	RC造	2階
3	益城町	益城町役場	庁舎	昭和57年	RC造	3階
4	大津町	大津町役場	庁舎	昭和43年	RC+S	4階
5	宇土市	宇土市役所	庁舎	昭和40年5月	RC造	5階
6	八代市	八代市役所	庁舎	昭和47年	RC造	5階
7	熊本市東区	熊本市立熊本市民病院（新館、南館、北館、立体駐車場）	病院	昭和54年：南館 昭和59年：北館 平成13年：新館	SRC造 SRC造 SRC造	地下1階、地上8階 地下1階、地上8階 地下1階、地上7階
8	熊本市中央区	AB歯科	病院	不明	RC造	3階
9	益城町	CD医院	病院・診療所	不明	RC造	3階
10	益城町	木山共同納骨堂	納骨堂	不明	RC造	1階
11	南阿蘇村	阿蘇大橋	橋	昭和45年12月	S造	―

■教育・文化施設

No.	地域	名称	用途	竣工	構造	階数
12	熊本市中央区	熊本城・周辺	観覧場・公園	RC造天守閣は昭和35年(1960年)復元	RC造	
13	熊本市中央区	熊本県立美術館	美術館	昭和51年1月		
14	熊本市東区	パークドーム熊本	運動場	平成9年3月	RC+S +空気膜構造	地下1階、地上2階
15	熊本市東区	熊本市健軍文化ホール	ホール			4階
16	益城町	益城町立木山中学校	学校・体育館	昭和56年9月	RC造	3階
17	益城町	益城町文化会館	劇場	平成2年3月	SRC造	2階
18	益城町	益城町総合体育館	体育館	平成10年3月	RC造	2階?
19	益城町	益城町旧町民体育館	体育館	昭和50年3月（定礎）	RC造	2階
20	八代市	八代市立博物館 未来の森ミュージアム	博物館	平成3年10月	S+RC造	2階
21	南阿蘇村	阿蘇望星学塾	学生寮		RC造	4階
22	南阿蘇村	南阿蘇村学生村	学生寮		木造	2階
23	欠　番					
24	阿蘇市	阿蘇神社	神社	一の紳殿：天保11年 二の紳殿：天保13年 三の紳殿：天保14年	木造	1階
25	阿蘇市			楼　門：嘉永2年 神幸門：嘉永元年 還御門：嘉永元年	木造	1階

■商業施設

No.	地域	名称	用途	竣工	構造	階数
26	熊本市中央区	熊本ホテルA	ホテル	昭和50年7月	SRC造	地下1階、地上11階
27	熊本市中央区	日本郵政グループ熊本ビル	事務所		SRC造	地上7階
28	熊本市中央区	ピーエス㈱（旧第一勧業銀行）	店舗		RC造	地下1階、地上2階
29	熊本市中央区	Bホテル熊本交通センター前	ホテル		SRC造?	13階
30	熊本市北区	菊南温泉Cホテル（別館）	ホテル		RC造	地下1階、地上7階
31	熊本市東区	D店舗　駐車塔	駐車場	不明	S造	
32	熊本市東区	中華料理　E	商店	不明	RC造	4階?
33	熊本市東区	ピアクレス　健軍商店街	アーケード	平成4年	S造	
34	熊本市東区	Fマーケット健軍	マーケット	昭和51年4月開店	不明	3階

被害ランク	形状					備考	設備	担当
	ピロティ	ラーメン	壁式	整形	不整形			
軽微	○	○		○				三木哲・堀尾
軽微		○						佐藤・安達・堀尾
小破	○	○		○				岡田・仲村
中破	○	○		○				宮城・仲村
大破全損		○			○			岡田
軽微・建替		○		○				鯨井・仲村
小破・軽微		○		○				安達
大破	○	○		○				岡部
小破		○			○	量水器沈没		三木哲・堀尾
倒壊	○	○		○				安達
山体崩落								河野

被害ランク	形状					備考	設備	担当
	ピロティ	ラーメン	壁式	整形	不整形			
大破							ー	中田
軽微		○			○		ー	中田
軽微	○							河野
							ー	菊地
小破	渡廊下	○		○				江守・堀尾
軽微	○				○			菊地
小破		○		○				河野・堀尾
小破		○			○			宮城
無被害					○			鯨井
建物傾斜		○		○				三木哲
倒壊								菊地
軽微								安達
倒壊〜損傷なし								安達

被害ランク	形状					備考	設備	担当
	ピロティ	ラーメン	壁式	整形	不整形			
小破		○			○			菊地・堀尾
小破	○	○		○			ー	安達
小破	○	○		○				近藤
軽微		○		○				鯨井
小破		○		○			ー	菊地
軽微		○					ー	安達
軽微	○	○			○		ー	安達
一部大破							ー	三木剛
大破			不明				ー	三木剛

■住宅

No.	地域	名称	用途	竣工	構造	階数
35	熊本市中央区	Gマンション迎町	共同住宅	昭和63年	S造	6階
36	熊本市中央区	Hマンション平成一番館	共同住宅	平成10年2月	RC造	13階(2棟/EXP.J)
37	熊本市中央区	メゾンI	店舗、共同住宅	昭和49年12月	SRC造	地下1階、地上10階
38	熊本市中央区	Jマンション平成駅前一番館	共同住宅	平成18年3月	RC造	9階
39	熊本市中央区	Kビル	店舗、共同住宅	昭和55年12月	RC造	7階(1、2階店舗)
40	熊本市東区	LマンションIII	共同住宅	平成16年2月	RC造	5階
41	熊本市東区	市営栄第一団地	共同住宅	昭和38年〜40年	RC造	3階
42	熊本市東区	Mマンション若葉第2	共同住宅	平成15年	RC造	10階
43	熊本市東区	Nマンション若葉	共同住宅	平成11年	S造	4階
44	熊本市東区	市営若葉団地	共同住宅	昭和37年〜40年	RC造	3階
45	熊本市東区	Oマンション若葉	共同住宅	平成6年	RC造	8階
46	熊本市東区	Pマンション健軍	共同住宅		RC造	8階
47	熊本市東区	Qマンション保田窪本町	共同住宅	平成3年6月	SRC+RC	11階
48	熊本市東区	Rマンション保田窪	共同住宅	平成19年8月	RC造	10階
49	熊本市東区	Sマンション若葉	共同住宅	昭和62年	RC造	8階
50	熊本市東区	秋津Tマンション	共同住宅	平成5年4月	RC造	9階
51	熊本市東区	県営住宅健軍団地	共同住宅	平成17年	SRC造?	9階
52	熊本市東区	第1Uビル	店舗、共同住宅		S+RC造	6階
53	熊本市東区	コーポR(R商店)	店舗、共同住宅	昭和52年2月	RC造	5階
54	熊本市西区	Vハイツ 4号棟	共同住宅	昭和55年1月	RC造	5階
55	熊本市西区	Xマンション熊本駅南	共同住宅	平成8年4月	RC造	6階
56	熊本市西区	Yビル	共同住宅	昭和47年	RC造	7階
57	熊本市西区	Yハイツ	共同住宅	昭和48年11月	RC造	7階
58	熊本市西区	第2Yハイツ	共同住宅	昭和49年7月	RC造	9階
59	熊本市西区	第3Yハイツ	共同住宅	昭和53年6月	RC造	8階
60	宇土市	宇土市営入地団地(1号棟)	共同住宅	平成9年〜13年	RC造	4階
61	益城町	町営住宅辻団地	共同住宅	昭和56年〜61年	RC造	4階
62	益城町	益城Zビル(Zビル)	店舗、共同住宅		S造	3階
63	益城町	木造住宅群	戸建住宅		木造	1〜2階

■その他

No.	地域	名称	用途	竣工	構造	階数
64	大分県由布市	由布院駅	駅舎	平成2年3月	木造?	1階
65	大分県由布市	湯布院町川北地区	戸建住宅		木造	1〜2階
66	阿蘇村	斜面崩壊と地表面地震断層	活断層	布田川断層帯		
67	益城町	益城町三竹周辺の地表面地震断層	活断層	布田川断層帯		
68	益城町	益城町杉堂の地表面地震断層	活断層	布田川断層帯		

■凡例

ランク	軽微な被害	小破	中破	大破	倒壊
被害状況					
RC造 SRC造	二次壁の損傷もほとんどない	二次壁にせん断ひび割れ	柱・耐震壁にせん断ひび割れ	柱の鉄筋が露出・座屈	建物の一部または全体が倒壊
地震規模 震度5強程度		IS=0.6			
震度6強程度		IS=0.6			

被害ランク	形状					備考	設備	担当
	ピロティ	ラーメン	壁式	整形	不整形			
小破	○	○			○		—	安達
小破		○		○			—	三木哲
小破		○		○			排水管・電気配管切断	鯨井・堀尾
大破	○	○		○			—	岡田
小破		○			○		—	今井
軽微	○			○		柱破損		安達
軽微			○	○				三木剛
軽微		○		○			天吊り空調室外機落下	江守・堀尾
軽微		○					—	宮城
軽微			○	○				三木剛
小破		○		○			—	宮城
軽微	○	○			○	ブリッジ、受水槽傾斜		安達
大破		○		○	○?			鯨井
小破		○	○				—	今井
中破?		○					—	長尾
大破								岡田
小破・無被害		○		○			—	今井
大破	○	○		○				三木哲
大破	○	○		○		雨樋、バルコニー部の排水管が切断、空調室外機破断		岡田・堀尾
大破			○	○		傾き		今井
中破								鯨井
小破		○			○			江守
小破	○	○			○		—	佐藤
大破	○	○			○	配管のエルボが破断、排水管破断、空調室外機移動		佐藤・岡田・堀尾・仲村
軽微		○			○			佐藤
中破	○	○		○		空調室外機転倒		岡田・堀尾・仲村
軽微			○	○				三木剛
小破	○	○						安達
軽微～大破								河野

被害ランク	形状					備考	設備	担当
	ピロティ	ラーメン	壁式	整形	不整形			
軽微								河野
軽微								
							—	近藤
							—	近藤
							—	近藤

平成28年熊本地震 建物調査分布図

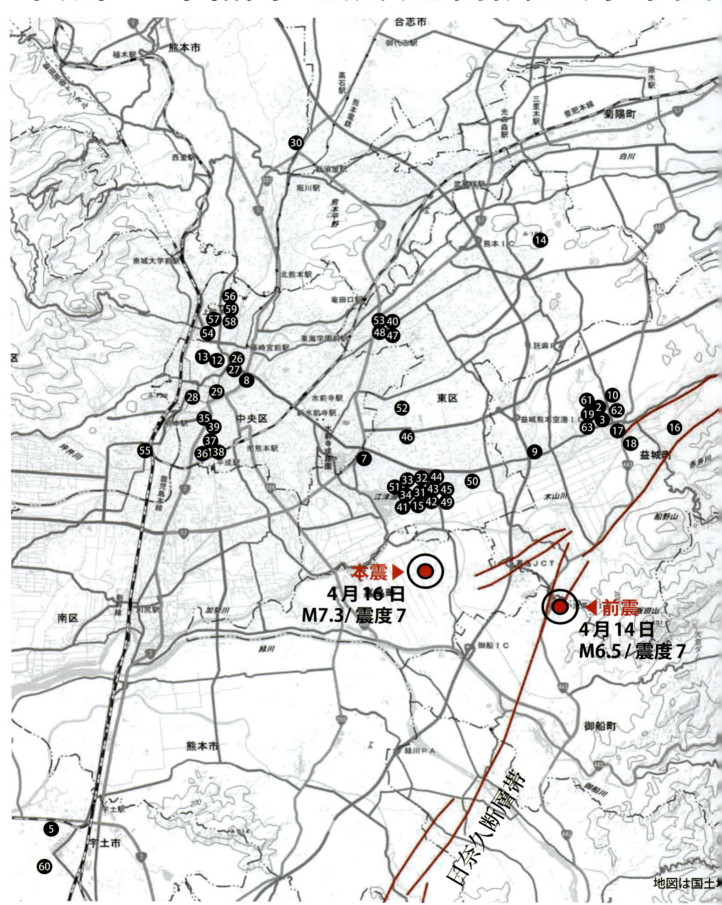

1. 調査報告

熊本空港

熊本県上益城郡益城町大字小谷

軽微

●建物概要
用途：滑走路、管制施設▶旅客ターミナルビル
3000m滑走路の被害軽微
戦前の健軍飛行場から移転
ターミナルビルは増改築

●被害状況
滑走路の被害は軽微、航空管制灯・設備は構造躯体に被害なし、管制機器類が飛散ターミナルビル躯体は被害なし、内装設備破損
活断層方向：震源から北東：11km

●調査日時
5月30、31日　三木 哲
●空港は大災害時に最重要施設となる
滑走路は被害軽微、離着陸管制機器類は地震被害を受けるが、手動で離着陸する航空管制棟は倒壊せず躯体被害軽微
●航空管制機能の復旧は1～2日程度

　熊本空港は阿蘇山の西側山麓に位置し、熊本地震の震源地に近い。航空機の離発着に不可欠な3,000mの滑走路は地表に現れた活断層とほぼ平行な向きに配置されている。震源に近い益城町の地盤の隆起・陥没の激しさと、災害時の復旧の重要度が要求される空港滑走路の関係を考慮すると、3kmの長さの滑走路の被害が軽微であったのは、滑走路の向きと活断層の向きがほぼ平行であったためと思われる。もし滑走路が活断層と直角方向に配置されていたら滑走路の途中で段差が生じ、発着の障害となっていたかもしれない。

　熊本空港は九州新幹線や高速道路より先に、いち早く運用を再開している。滑走路に次いで重要度の高い航空管制塔の構造躯体の被害は軽微であったが、管制機能は停止した。進入指示灯不点灯、計器散乱のため管制塔使用不能だが、運用可能なため業務は気象事務室から小型無線機により継続し滑走路は使用可能であったため、24時間運用され救援活動物資等の航空拠点になった。

　東日本大震災時に津波を受けた仙台空港は長期に渡り離着陸不能な状態だったが、熊本空港は熊本市内より高台に位置し、もし津波が発生したとしても空港機能は確保されたと推測される。

　本震の翌日、4月17日 支援物資等を搭載したJAL臨時貨物便が着陸。4月19日 午前7時30分か

上下の写真はGoogleマップより

ら管制塔での業務再開。到着便の一部が運航再開。午後3時から一部出発便も再開した。

　4月19日(火)の空港再開当日は、朝から到着便のみ再開され、到着客はターミナルに入らずに預けた手荷物も屋外で引き渡す対応だった。

　空港にアクセスする道路はアスファルト舗装の隆起や段差が発生したが、応急復旧工事が行われた。

鉄筋コンクリート造の建物に鉄骨の大屋根を被せたビル

益城町役場敷地内施設
熊本県上益城郡益城町

- ●益城町役場内施設
  熊本地震の震源地から遠くない益城町役場は、「倒壊」などの著しい被害はなかったが、非構造部材の被災で被災者の収容など震後対応では、十分機能しなかった。
- ●建物被災概要
  町役場庁舎：軽微
  庁舎南側の補強フレームにわずかなクラック。一階エントランス庇の被害などにより使用庁舎としては利用していない
  益城町公民館：軽微
  エントランス上部の窓サッシに被害
  益城町体育館：小破
  梁のカバープレート、天井材の落下により使用不能
- ●調査日時
  5月30日　佐藤寿一

　熊本市の東側に位置する益城町は、熊本地震で2度の震度7を記録した震源に近い。その為多くの建物が被災したが、大きな被害は、国道28号線沿いの旧市街地の木造住宅に集中している。

　益城町役場は、旧市街地の北側の台地上にあり、役場敷地内には、調査の対象とした3棟の他に数棟の付属棟があるが、いずれも大きな被害とはなっていない。このことは同じ台地上にある役場北側の町営辻団地や他の周辺非木造建物について同様である。

　敷地内で目に付くのは、（震源地に近いため起こった）地盤の上下動による被害である。庁舎南側にある来庁者用の駐車場は、地震前と比較して20cm程度地盤が下がっており、道路側の擁壁も傾いている。庁舎と北側の付属棟を2階レベルでつなぐ渡り廊下は、北側の敷地が上がったため上下にずれが生じている。また、公民館と体育館を結ぶ1階レベルの渡廊下も地盤の変化により鉄筋ブレース取付け部のボルトが破断している。そのほか、建物への地下埋設導入管も被害を受けている。

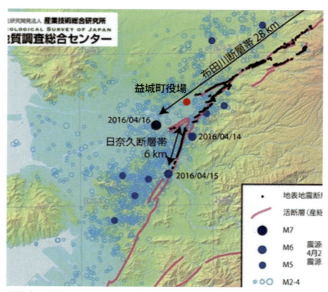

震源地と益城町役場の位置

　調査対象とした敷地内の建物被害は、次のとおり。
　4階建庁舎は、耐震補強の外付けフレームにわずかなクラックが見られるものの庁舎本体の構造に被害は無い。ただし、エントランス部分の非構造体が被災し、庁舎としての利用ができなくなっている。（庁舎内の被災状況は未確認）

　庁舎の北側に在る2階建公民館は、庁舎に代わり役場業務を担っているが、エントランス上部の部屋のアルミサッシの方立が内側からの力により曲げられている。部屋内部からの什器等が衝突したためとみられる。また、2階の空調室外機は、固定不足により転倒落下したと思われるものが見られる。

　公民館の西側にある体育館は、天井材等の落下により使用不能となっており、避難場所としての機能を果たせなくなっている。

　役場敷地内の建物は、継続使用が不可能なほどの被害は受けていない。調査からは、庁舎施設などの「震災時の重要施設」では、構造耐震に加え建物の機能維持のために非構造部材の耐震化が重要であることが明らかになった。益城町役場の被災状況は、そのことが顕著に表れた例である。

庁舎北側の渡廊下（左側が高くなっている様に見える）

益城町公民館

熊本県上益城郡益城町宮園717-3

● 建物概要
用途：公民館
構造：鉄筋コンクリート構造
階数：2階
年代：2000年以降と思われる
形態：整形

● 被害状況
構造躯体にほとんど被害なし
2階アルミサッシに被害

● 調査日時
6月30日
佐藤寿一・安達和男・堀尾佐喜夫

● 建物被害は軽微
● 益城町役場の業務を分担している

軽微

益城町役場の敷地の一角（庁舎の裏側）に建つ公民館。
・ほぼ矩形の平面と思われる。
・サッシュの一部が変形したが、現在使用できない町役場機能を代替し、住民サービス業務を行っている。
・サッシュと空調機が破損している。天井が落下したのではないか。
・庁舎と付属棟をつなぐ渡廊下（2階）は、損傷が激しく利用できない。（付属棟側は、鉄骨柱で受けていたので、本体建物への影響は少ないかもしれない。）
・体育館への渡廊下（地盤面）は、柱が傾くとともに鉄筋ブレース取付け部が破損し、また体育館側の敷地との間に高低差が生じ為、通行不能。（従前から60cm程度の高低差があった。）
・益城町役場の敷地には、本建物、町役場、体育館など数棟の建物があり、それぞれ躯体の損傷は軽微であるが、調査した建物で一般の使用に供しているものは、公民館のみとなっている。
・2階バルコニーの壁から落下した空調室外機と同じく2階バルコニー内で落下していない空調室外機が見られる。
・1階外壁から支持されて、転倒しなかったプロパンガスボンベがあり、地震の被害は見られない。
・地盤沈下により、建物への導入管が破断し、交換工事中。

Googleマップより

公民館出入り口
玄関庇上部のアルミサッシュ方立が変形。建物本体（外観）に被害は見られない。中ほどのサッシュは、落下、又は撤去された可能性がある。右側のサッシュ上部の扉は、変形にもかかわらず、ガラスが割れていない。

サッシュの変形。上下に圧縮されたように見えるが、柱等に影響は見られない。

庁舎と付属棟をつなぐ渡廊下。付属棟側に柱が設けられている。僅かに付属棟側が高く、傾斜しているように見える。(付属棟側の敷地が上がった可能性がある。)

地盤沈下により、建物への導入管が破断し、交換工事中

渡廊下屋根の傾き。鉄筋ブレースは、手前側2本の取付け部のボルトが切れた。

破損サッシュの室内部。サッシュだけでなく、空調機も破損している。サッシュが室内側に膨らんでいる点と、空調機のグリルがつぶれている点から、何かが室内側から衝突したと思われる。天井が落下したのではないか？

2階バルコニーの壁から落下した空調室外機と落下していない空調室外機。1階外壁から支持されて転倒しなかったプロパンガスボンベ

天井の吊りボルトが曲がっている。

益城町役場
熊本県益城郡益城町宮園

小破

● 建物概要
用途：庁舎（増改築あり）
構造：鉄筋コンクリート造＋鉄骨造
階数：3階建て。南側2階まで補強
年代：1980年竣工。南側に耐震補強
形態：ロの字型整形平面

● 被害状況
鉄骨造エレベーター棟の上部破損、北側渡り廊下にせん断ひび割れ、耐震補強により、本庁舎は被害を免れる。
活断層方向：震源から東北東：2.7km
● 調査日時
7月14日　三木 哲・岡田和広

● 前震時の被害は不明、南側にアウトフレーム耐震補強、東側に鉄骨造でエレベーター・エントランス増築
北側別棟庁舎と2階渡り廊下で接続、増築
海抜30m
● 耐震補強にひび割れ、周囲地盤変形

　益城町は熊本県の中央部やや北寄りにあり、人口3万5千人、1954年に誕生した町である。町の北部は益城台地（高原台地）とよばれる耕作地がひろがり、中央部は熊本平野の一環を形成し水田地帯が広がる。

　木山川、赤井川、秋津川などが北東から南西に向けて流れ、この川沿いに地震の震央となった「布田川断層帯」が存在する。この断層帯と「日奈久断層帯」交点付近で発生したと思われる「4/14・前震」は、益城町が震央で、深さ11km、震度7が記録されている。8月15日現在の死者数50人中、益城町が20人と多く、木造家屋の被害も益城町に集中している。

　町役場は町の西北側の高原台地に位置し、南傾斜の敷地には、公民館、町民体育館、社会福祉協議会

Google マップより

事務所などの公共施設と一緒に配置されている。

　益城役場は、建物の中央に中庭があり、ロの字型の平面形状をしている。

　東面には、増築された鉄骨造の車寄せとEV棟があ

町役場RC棟の南側外観。1、2階にアウトフレーム耐震補強あり。

コンクリート形アウトフレームに生じたひび割れ

り、北面には2階建ての渡り廊下によって、別棟へ渡れる。南面には、耐震補強としてアウトフレームが確認される。この補強の結果、本体建物の被害は小破に留まったと考えられ、使用可能な状態と判断される。そのアウトフレームの梁やスラブにはひび割れが確認されてはいるが、軽微なものである。

建物南側にある駐車場では、アスファルト舗装路盤の地盤沈下や、ひび割れが多数発生した。

役場の敷地全体は傾斜地になっており、敷地内にもいくつも擁壁が確認されて、盛り土がされている場所があることは、明らかである。

町役場の脇の道路の向かいの木造住宅は倒壊し、擁壁が崩れており、地震により広範囲の斜面全体の表層地盤が崩れた。擁壁はほとんどが無筋のコンクリートや見地石でつくられており、地震力に耐える構造となっていない。そのためその上にある木造家屋の倒壊が際立って目立った。

建物の東面にある車寄せは、地震によって被害を受け、EV棟は揺れによって、屋根が大きく横ズレし、落下の危険性が生じてしまっていた。このため、共に使用は危険と判断され、解体が行われた。

建物の北側にある渡り廊下には、大きなひび割れが入り、危険な状態と判断され、使用不可となっている。渡り廊下の構造は南側が対象建物と固定されており、北側に突出した渡り廊下平面の先端を2本の柱で支えている。北側の建物とはEXP.Jで切り離している形である。

ひび割れの状況や周りの地盤を見ると、地震によって左右の建物の高さに相違が起こり渡り廊下が大きく上下にも揺られ、その影響で写真の様なひび割れが生じたものと考えられる。

町役場西側の木造住宅

町役場東側外観

町役場RC造建物北側の渡り廊下棟

町役場南西側のRC造建物周囲の地盤の被害状況

渡り廊下の被害状況

FRP製の受水槽（25㎥）が移動・大破
FRP製の受水槽（25㎥）の受け架台と基礎とのボルトが抜けていた。受水槽本体も破壊されていて、スロッシングによるものと思われる。（堀尾佐喜夫）

空調室外機本体と基礎が転倒
空調室外機の基礎は柱状のコンクリート製をたんに置いていたものと思われ、空調室外機本体と基礎が転倒している。隣接の場所での空調室外機の基礎はべた基礎で、空調室外機本体と基礎は無償である。（堀尾佐喜夫）

キュービクルが基礎から移動している。
（堀尾佐喜夫）

大津町役場
熊本県菊池郡大津町大津

●建物概要
用途：庁舎
構造：鉄筋コンクリート造＋鉄骨造
階数：4階建て
年代：不明
形態：整形

●被害状況
執務室中央部のEXP.Joint金物の脱落、内壁モルタルの脱落。外壁パネルの目地拡大。ひび割れ鉄筋露筋が多く見られる。
活断層方向：震源から東北東：17.8km

●調査日時
7月17日　三木 哲

・前震時の被害は不明、鉄筋コンクリート造の柱被害は見られず。鉄骨造増築庁舎の変形が大きい。モルタル脱落、外壁パネルの口空、
・旧庁舎使用停止、仮設庁舎で業務。

中破

　この建物は震源より北東17.8kmの位置にある。

　大津町役場は建設年代は不明だが、最初に鉄筋コンクリート造4階建て外壁タイル貼りの庁舎が建設され、その後この建物の西側に鉄骨造4階建ての庁舎が増築され、更に旧庁舎の北側入り口脇にエレベーターとその出入口が増築されている。

　更に旧庁舎の道路を隔てた西側に分庁舎を建設している。

　7月の調査時には後から建設された分庁舎は使用され、旧庁舎は使用を停止し、敷地南側の駐車場に仮設の平屋建てプレハブ庁舎を建設し、業務を行っていた。

　建物内部ではRC造と鉄骨造のEXP.Joint部の天井材が執務室中央に垂れ下がっていた。鉄筋コンクリート造4階建ての庁舎は地震により、打継コールドジョイント部

Googleマップより

にひび割れが発生し、鉄筋が露出していた。

　鉄骨造で増築した庁舎では、変形により、モルタル仕上材の脱落やひび割れ、外壁パネルの目地ジョイントのずれなどが多く見られた。

南側外観：左側が最初に建設されたRC造4階建ての庁舎。右側がその後、鉄骨造4階建てで増築された庁舎。

北側外観：鉄筋コンクリート造4階建ての庁舎の正面玄関。玄関の右手に増築されたエレベーターと入口がある。

階段室壁の打継部分のひび割れとモルタル等仕上の剥落

執務室の中にエキスパンションジョイントがあり、内装等に大きな被害が生じている。執務室が使用出来る状態ではない。

宇土市役所
熊本県宇土市浦田町51

大破全損

- ●建物概要
  - 用途：庁舎
  - 構造：鉄筋コンクリート造
  - 階数：5階建て
  - 年代：1965年
  - 形態：ラーメン
- ●被害状況
  - 十字形柱梁接合部の大破による局部崩壊
  - 外装 PCa（縦ルーバー）の落下
- ●調査日時
  - 5月30日　長尾直治
- ●その他
  - ・耐震診断の結果から、建替計画が進行していた。
  - ・周辺に目立った被害がないのに崩壊している。
  - ・同一敷地に k-net 宇土の観測点があり記録がある。
  - ・旧庁舎使用停止、仮設庁舎で業務。

1. 耐震性や施工性への配慮が不十分な外装デザイン

　外装のPCa版が派手に落下している。柱ではなく、バルコニー先端に設けられた南西向きの縦ルーバーで、彫りの深い外観デザインを構成している。バルコニー床は45度振った片持ち小梁で支持されており、本体の梁との間にスリットを設けている。バルコニー床の先端に垂れ壁や一部に腰壁（これらは現場打ちと思われる）があり、さらに縦ルーバー（PCa版）を取り付けている。陰影が強調される納まりであり、施工者泣かせの凝ったデザインである。ところで、地上に落下したPCa版を見ると端部から2本の細径鉄筋が見えるが、これを床コンクリートに埋め込んだだけと思うと、耐震性への配慮が不十分だったようだ。

Google マップより

2. 十字型柱梁接合部の大破による局部崩壊

　4階以上がほとんどまっすぐ落階している。国交省レポート[1]の略伏図を見ると、田の字形のラーメン構造の事務棟が45度振られて北西の壁の多いコア棟と繋がっている。コアが偏心しているので、先端の柱（隅柱）に損傷集中するように思うが、意外に中柱（側柱）であった。西側架構の4階中柱が折れ、南側架

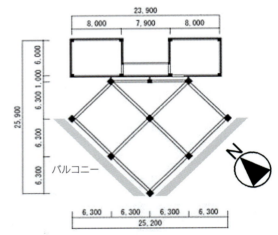
基準階の略伏図[2]

十字形柱梁接合部の大破による局部崩壊（上層の落階）

先端の柱は荷重支持能力を保持している。

4階柱頭部の柱梁接合部の大破の状況が見える。
また、バルコニー部の外装は彫りの深いデザインであるが、この意匠を実現するためには耐震性や施工性など、エンジニアリングに対する配慮が不可欠である。

落下したPCa版。2本の錆びた鉄筋が見えるが、あれを床に埋め込んだだけだと耐震性は不十分。

構の4階中柱で上の柱梁接合部が崩壊している。中央の内柱は外から見えないが、その後、千葉工大チーム[2]がロボットを立ち入り禁止区域に送り込み、4階の内柱の頭部損傷やコア棟と事務棟の接続部床の損傷（偏心のため大きな地震せん断力の移動が生じる）を確認し、インターネットでも公開している（http://www.furo.org/ja/works/sakura/movie.html）。

RC造ラーメン構造では、一般に、柱梁接合部は剛域とされ、柱や梁などの部材の崩壊が先行するのが普通である。柱梁接合部の設計法が日・米・ニュージーランドで異なり、その調整の経緯を記した青山先生の報告[3]を想い出すが、太径鉄筋の付着や繰返し挙動が問題となる高層RC建物では重要であるが、中低層RC建物では接合部の強度が危険になることはほとんどないため、当時のRC計算基準でも特に規定がなかった。もちろん、応力状態はト形（外柱）より十字形（中柱）の方が厳しいのであるが、あまり例が無いので、原因（柱梁接合部体積の不足、コンクリート強度不足、あるいは仕口内の配筋不足、など）解明が待たれる。

3. 何故この建物だけが壊れたのか

周辺に目立った被害が無いのに、この建物だけがひどく壊れているのは異様だ。当時は震度法で設計したので上階では設計用地震力が小さくなり、さらに地震地域係数$Z=0.8$も原因して、4階以上の柱を細くし過ぎたのだろうか。あるいは特異な地震入力があったのだろうか。この建物の敷地内にk-net（防災科学研究所の強震観測網）宇土の地震計が設置されており、地盤情報もあって、原因解明には都合の良い状況である。3成分合成の加速度最大値は14日の前震で339gal（計測震度5.5）、16日の本震で882gal（計測震度6.2）であり、卓越方向はいずれも東西方向である。前震でもそれなりの損傷があり、偏心によるねじれ震動が刺激されて本震で一気に破壊したようだ。耐震診断の結果があるようだが、この壊れ方を予測しているのかどうかも気になるところだ。

参考文献
1）国土交通省・建築研究所・国土技術政策総合研究所、熊本地震における建築物被害の原因分析を行う委員会、第1回資料、平成28年5月
2）藤井賢志ほか、平成28年熊本地震で被災した宇土市役所本庁舎の被害状況と分析、Poster-JAEE 2016、日本地震工学会大会、2016年9月
3）青山博之、三国の立場について（鉄筋コンクリート柱梁接合部に関する論争の概要1、および2）、日本建築学会・建築雑誌1992年5月号（107巻1327号）、および6月号（107巻1328号）

八代市役所
熊本県八代市松江城町

軽微・建替

● 建物概要
用途：庁舎
構造：RC造
階数：本庁舎 地下1階・地上5階・塔屋3階
年代：1972年竣工
形態：中央コアの整形平面

● 被害状況
構造躯体の損傷なし（外観から）
● 調査日時
7月19日
文責：三木 哲・鯨井 勇・仲村元秀

　八代市役所は本震の震源から約37kmの位置に建つ。八代市は人口約13万人の熊本県南部の中核都市である。八代城跡外濠の東側に建っており、1972年に竣工の本庁舎（延床面積11,518㎡）と別館（延床面積876.25㎡）で構成されている。

　調査時には、使用禁止閉鎖の状態であった。外観は、外装のタイルが一部は剥離している程度で、空調屋外機の移動は見うけられず、ガラス越しの内部の様子でも、構造躯体の損傷、照明器具設備の外れ等は確認できなかった。

　八代市ホームページの市政情報によると、平成21年に耐震診断を実施し、診断結果（図1）の構造判定指標Is値が0.3を下回る箇所があったため、耐震改修補強案も検討の上、最終的に平成26年度に地域審議会及び議会の審議を経て、現在の本庁舎敷地内に新庁舎を建設することが決定していた。

　八代市は前震で震度5弱・本震で震度6弱を記録したが、耐震診断結果がIs値0.3を下回る建物でも、外壁タイルが剥離する程度で大きな損傷が無かった。

Googleマップより

北側外観
外壁タイルが一部剥離

東側外観

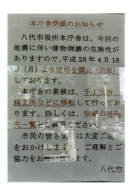
1階入口に貼られた本庁舎閉鎖の案内

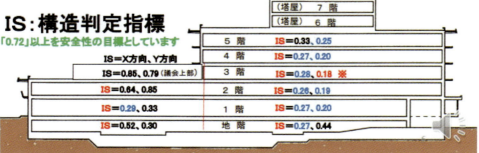

図1　耐震診断結果　八代市ホームページより

熊本市立熊本市民病院
熊本県熊本市東区湖東1丁目1番60号

小破　軽微

- ●建物概要
  - 用途：病院
  - 構造：鉄筋コンクリート構造　鉄骨造
  - 階数：下記参照
  - 年代：第2世代他
  - 形態：整形
- ●被害状況
  - 旧耐震の南館が小破、新耐震の北館、研究管理棟が軽微
  - 給水系が汚染され患者を移送した
  - 一部診察をおこなっている。
- ●調査日時
  - 6月30日　安達和男.他
- ●建物被害は小破・軽微であるが、移転予定。最も弱い部分が全体の被害を決める例。都心部の立地からの移転は残念
- ●耐震補強が必要であった建物
- ●別敷地に移転の計画中

```
開    設：昭和21年2月1日
           許可病床数 一般病床 544床、感染症病
           床12床（第一種2床・第二種10床）
建物規模：鉄骨鉄筋コンクリート造地下1階、地
           上8階（一部7階建）
敷地面積：14,055.13㎡
建築面積：8,693.81㎡
延床面積：34,912.79㎡
  ＊新館：6,266.35㎡
  ＊南館：12,726.49㎡
  ＊北館：14,306.74㎡
  ＊立体駐車場：1,462.54㎡
  ＊その他：150.67㎡（ポンプ室 6.37㎡、駐
           輪場144.30㎡）
最高軒高：最高の高さ 31.35m　38.95m
収容台数：306台（立体駐車場96台、第2駐車
           場90台、第4駐車場57台、コイン
           式パークロック27台、北館上段20
           台、障がい者・救急用16台）
```

Googleマップより

沿革

- 1979.02.28：新病院南館完成（鉄筋コンクリート地下1階、地上8階）航空写真中央、旧耐震
- 1984.03.31：第二期工事北館完成（鉄骨、鉄筋コンクリート地下1階、地上8階）航空写真右
- 2001.03.31：研究管理棟完成（鉄骨、鉄筋コンクリート地上7階）航空写真左

6/30　施設課からのヒアリング

- 556床
- 4/14の前震では、ライフラインも維持され、対応も訓練通りスムーズであった。300人以上が来院し、治療を受けた。被害は小さく、南館の1階の天井版の落下、壁タイルの落下程度であった。
- 4/16の本震で停電したが、自家発電機で1時間対応した。しかし、受水槽に雨水が混入したため、病室が使用できなくなった。EVが使用できず、320人を8階から毛布等を使い階段で下に降ろし、他病院、避難所へ移送した。
- 本震はすごい揺れだったが、院内では怪我人は出なかった。1、2階の医療機器にはそれほどの被害はない。監視室に被害あり。3階より上の階で、壁に亀裂が走り、鉄筋は出ている。梁、柱には大きな被害が無く、倒壊の恐れはないとのことだが、専門家の調査を待つ状況である。
- 現在は2階で透析治療を行っている。
- 研究管理棟は2001年竣工であるが、かなり揺れた。外壁タイルに損傷が出た。

車寄せからの写真。左が研究管理棟。奥が南館

・別途敷地が確保してあり、移設予定と報道されている。

　北館と研究管理棟は新耐震であり、移転計画で取り壊されるのはもったいない建物である。立地も中心市街地であり、旧耐震の南館を耐震補強してあれば結果は異なった。給水系の汚染も残念であった。

やはり目地周りのタイルに損傷あり。S造建物で、CWが地震力を受け、パネルどうしで押し合ったと思われる。目地幅の不足か？

研究管理棟。目地部分の外壁タイルに損傷あり

出入口の天井タイルに損傷あり

AB歯科診療所
熊本市中央区安政町

大破

- ●建物概要
  - 用途：歯科診療所
  - 構造：鉄筋コンクリート造
  - 階数：地上3階建て
  - 年代：不明
  - 形態：1階駐車場ピロティ

- ●被害状況
  - 1階駐車場ピロティの地上3階建ての歯科診療所。1階が層崩壊し、2～3階のサッシなどに被害が見られない。
  - ・活断層方向：震源より北西：9km
- ●調査日時
  5月31日　三木 哲　写真撮影：岡部

- ●前震時の被害は不明、市内の白川添いに建つピロティ建築。
  第2次調査時には解体除却済であった。2～3階の外装仕上材、サッシなどには被害は見られない。ゆっくり落ちたと思われる。

　震源より北西方向、約9kmの、市内中央区の白川添いに建つ3階建ての歯科診療所。

　被災前のGoogle写真をみると、エントランスホールから上階に上がる階段廻りの壁を除くと、きれいなピロティ柱が3本×2列並ぶ形状である。本震時にピロティ柱が被害を受け層崩壊したと思われる。

　壊れた柱を見ると異形鉄筋が使われているが、建築年代は不明である。また壊れたコンクリート片を見ると、角が取れ比較的丸く壊れている。これは強度が不足した可能性がある。

　2階以上はアルミ製カーテンウォール上のサッシがファサードを形成している。このサッシのガラスは割れていない。その他の外装仕上材にも損傷は見られない。1階が崩壊した時の状況はドスンと衝撃的ではなく、ユックリと沈下したと思われる。

Googleマップより

　5月30日の第1次調査時に、現地に残った岡部氏がこの建物を見つけて写真撮影した。

　7月17～19日の第2次調査の際、再度この建物を訪問したところ、すでに解体工事が完了し、更地になっていた。

1階駐車場ピロティが層崩壊し、2～3階は無被害

1階エントランス廻りの被害状況。階段壁のため圧壊せず

圧壊したピロティ独立柱

同左

CD医院
熊本県上益城郡益城町大字福富

小破

● 建物概要
用途：内科有床診療所
構造：鉄筋コンクリート造
階数：地上3階建て
年代：不明
形態：L字型平面形状・下階壁抜け柱

● 被害状況
前震時の被害不明　本震時に1階柱小破
・活断層方向：震源から北東：250m
震源のほぼ真上に建っていた建物

● 調査日時
5月30日　三木 哲

● 前震時の被害は不明、L字型プランの2階建てウイングのピロティ柱が小破。3階建て主棟には被害が見られない。
● 外観からサッシュ・ガラス等の2次部材に破損等の被害は目視されない。
● 診療所の事務部門は事業を再開

　高速道路（九州自動車道）の脇に建つ内科有床診療所。震源に極めて近く、本震時にピロティ柱が被害を受けたと思われる。

　建物は鉄筋コンクリート造3階建て、平面形状はL型をしており、道路と反対側の3階建ての部分には診察室、処置室、検査室等の診療部門や事務室等があり、上層階に入院用の病室などがあるものと思われる。南側（道路側）に2階建てのウイングが張り出している。このウイングは2本の柱で支えられている。このウイングが東西方向に揺すられ、2本の柱が損傷を受けた。

　東西方向の変形により柱の仕上や被りコンクリートが剥落し、主筋と帯筋が露出しているが、鉄筋の破断・変形は見られない。

　3階建ての主棟は、外観からは躯体のひび割れや

Googleマップより　画面左は九州自動車道

サッシュ、ガラスなどの破損は見られず、医療事務部門は職員が働いている状態が観察された。

　損傷した柱廻りの天井仕上材を剥し、支保工を立てて支え、柱頭・梁の損傷状態を詳細に調査し、復旧工事計画を検討することが望ましい。

2本柱で支えられた道路側に張出した2階建てウイング

柱の破損状況。向うに見えるのは高速道路

北側3階建ての建物。壁やサッシュに被害はなし。

被りコンクリートが剥落し主筋・帯筋は破損していない。

木山共同納骨堂

熊本県上益城郡益城町宮園720

倒　壊

●建物概要
用途：納骨堂
構造：鉄筋コンクリート造
階数：2階
年代：1981年以前と思われる
形態：整形

●被害状況
屋根を支える柱梁が曲げ破壊し倒壊。

●調査日時
7月17日　安達和男

●屋根の重い建物で、柱梁が破壊修復は困難。木造建築を鉄筋コンクリートで表現した建物で、柱と梁の接合部が壊れた。

　益城町役場から国道を挟んだ住宅地の中にある。
　納骨堂は東を向いている。周囲の墓石の転倒は西側に落ちているので、東側から地震動が来たと思える。納骨堂も西側の方へ倒壊した。
　納骨堂はRC造の1階建てだが、下部にお骨入れ等があり、腰高の建物である。屋根もRC造で、重そうである。これを支えていた丸柱が柱脚で曲げ破壊している。他の柱もほとんど破壊している。梁も折れている。現地の石工の話では杭を打っていないとのこと。

Googleマップより

納骨堂正面は東向き。屋根が大きい。

北側側面。下部のお骨入れ等が見える。

柱が西側に転倒している。

柱が柱頭、柱脚ともに破壊

阿蘇大橋
11
熊本県阿蘇郡南阿蘇村

山体崩壊

●建物概要
用途：国道235号線と57号線結ぶ橋
構造：鉄骨造
年代：不明

●被害状況
山体崩壊による国道、鉄道、橋などの崩壊
JR豊肥本線、国道、東海大学、南阿蘇村の
機能停止復旧に長い時間が見積られる。
活断層方向：震源より東北東：22km

●調査日時
7月18日　三木 哲

●本震で山体崩壊・がけ崩れ
がけ崩れは南阿蘇で数カ所に及ぶ。通行中の自動車が被害を受け、3ヶ月後8月14日に遺体が収容された。
●鉄道・道路・橋とも別のルートを検討との報道がある。

Googleマップより

Googleマップより

パークドーム熊本
熊本県熊本市東区平山町

軽微

●建物概要
用途：熊本県総合運動公園内の多目的施設
構造：屋根と天井の二重幕シリンダー
階数：直径100m膜構造　外壁：RC
年代：1997年3月竣工
形態：円形ドーム・空気膜構造

●被害状況
空気膜構造の天井断熱材が落下していた
断熱材の大きさは畳1畳ほど。残置のまま
鉄筋コンクリート外周壁の端部にかけ
活断層方向：震源から北：10.5km

●調査日時
7月18日　三木 哲

●前震時の被害は不明
サッカー場、競技場などを持つ熊本県総合運動公園内に建つ直径100mの多目的運動場。

　震源より北、約10kmの丘陵地に陸上競技場、サッカー場、など構成される熊本県総合運動公園が建つ。

　直径約100mの円形多目的運動場で、天井に貼られていたと思われる畳1畳ほどの大きさの断熱材が落下散乱し放置されたままになっていた。

　平成9年に竣工した新耐震以降の建物である。

　外周壁は鉄筋コンクリート造と、上吊り透明アクリル板のスライディングドアーで構成されている。躯体のクラック調査が行われていて、このコンクリート壁の端部に欠損が見られた。

　災害復旧工事に人手が取られ、この施設の復旧、メンテナンスには手が回らない状態と思われた。

Google マップより

建物外観

ドーム内部の状況

RC造外周壁に生じたコンクリートの欠損被害

外周のスライディングドアーの状況

益城町立木山中学校
熊本県上益城郡益城町寺迫

小 破

- ●建物概要
  - 用途：学校
  - 構造：鉄筋コンクリート造、鉄骨造
  - 階数：地上2階建て、3階建て
  - 年代：昭和56年
  - 形態：2棟を渡り廊下で接続
- ●被害状況
  - 南棟、北棟の間に作られた2階建ての渡り廊下が大破
  - 3階建て北棟校舎は耐震補強済、無被害
  - 2階建て南棟校舎も無被害
  - 体育館は、鉄骨ブレースが損傷
- ●備考
  - 5/9　木山中央小学校に間借りして授業再開
  - 8/22　元の校舎に戻り2学期開始
  - 体育館は未復旧
- ●調査日時
  - 5月30　江守芙実・堀尾佐喜夫・長尾直治

　益城町の中心部から東側の水田地帯に立地する。敷地の南側は、木山川と秋津川の分流地点となっており、低湿地に学校が建築されたことがうかがわれる。

　定礎板によると、建物は昭和56年9月に竣工しており、工事期間を勘案すると旧耐震基準による設計であることが推測される。それぞれ整形な2階建て南棟と、3階建て北棟の間は、2階建ての渡り廊下棟2本で結ばれており、北棟の東側に鉄骨造の体育館が建てられている。

　校舎である北棟・南棟と、2棟の渡り廊下棟はそれぞれエキスパンションジョイントで接続されており、校舎と渡り廊下は構造上別棟である。

　2階建ての渡り廊下は8本の独立柱で支えられたピロティ形状である。2回の震度7の地震で、ピロティ柱が大破して傾き、エキスパンションジョイントがずれて、天井仕上げが落下したり、内部の配管類が破断するなどの被害があった。

建物航空写真　出典：Google map

柱頭・柱脚が損傷して柱が傾き変形が残留している。

西側の渡り廊下棟　1階がピロティ形状になっている。

圧縮変形した柱頭部分のコンクリートが剥落

調査時は東側の渡り廊下棟を解体中であった。

エキスパンションジョイント周囲の天井仕上げ材が剥落

3階建ての北棟校舎は鉄骨ブレースによる耐震補強が行われており、南棟も含め校舎本体には損傷は見受けられなかったが、結果的に構造上最も弱い渡り廊下棟に損傷が生じたものと推測される。

　渡り廊下棟の1階天井裏には電気幹線が敷設されており、エキスパンションジョイントを通過する部分で幹線が切断し、電気供給の面で大きな被害があったと言わざるを得ない。

　エキスパンションジョイントを渡る部分の電気幹線の余長が不十分であったことが原因と推測される。

エキスパンションジョイント部分で破断した電気配線

エキスパンションジョイント部分で破断した電気配線

鉄骨造体育館の外観

【鉄骨造の体育館】

　国総研の益城町の鉄骨（S）造に対する（ほぼ）被害調査では、全105棟のうち、倒壊1棟・大破15棟と報告されており、14%という高い倒壊率であった。

　S造は中低層のマチ場の建物に多く適用されており、溶接不良やアンカーボルト不良などが有ると派手に壊れるが、しっかり施工されていると耐震的な構造である。

　ところで、今度の調査では木造とRC造の破壊は随分見かけたが、S造の被害があまり目立たなかった。ブリットルなRC造は破壊すると様子が一変するので分かりやすいのだが、ダクタイルなS造は破壊の程度が連続していて、中破や大破の境界が分かりにくいのが原因したのかもしれない。

　木山中学校の体育館は普通に設計・施工された標準的な建物のようだが、引張りブレース接合部の高力ボルトがわずかに滑り、圧縮ブレースがわずかに曲がる、という、震度7に対してバランスの良い耐震性を示している。地震力をブレースの大きさに応じて配分し、ブレースをわずかに塑性変形させることで主架構をほぼ弾性域とし、2次部材の変形性能を超えない層間変形角(1/120程度まで)に留める、ということだが、なかなかこうはいかない。

体育館　引張側ブレースの接合部ボルトのすべり

体育館　引張側ブレースの接合部ボルトのすべり

益城町文化会館
熊本県上益城郡益城町木山

17

軽微

● 建物概要
用途：劇場、練習室
構造：鉄骨鉄筋コンクリート造
規模：地上2階
竣工：1990年
形状：ホール部2階、その他1階

● 被害状況
外観では建物の一部（入口脇）が傾斜。ホール内部にも内装の被害があったという情報がある。

● 調査日時
7月17日　菊地 守

● 備考
敷地東側接道部は擁壁となっており、その一部が崩壊している。

音楽主体の多目的ホールで、練習室を併設している。

本建物は周辺より高い丘陵地に建てられており、敷地東側の境界は道路沿いにあり、高低差があるため擁壁が設置されている。その一部が崩落。敷地の建物周囲には一部亀裂が入っている。

1階増築と思われる部分がエキスパンション・ジョイントによって本体構造と分離されており、その部分だけが傾斜してしまった。本体は杭基礎等で地盤に固定されているが、増築部分は平家のため簡便な基礎となっているようで、地盤の変化に影響を受けてしまったと思われる。

調査後、会館のホームページによれば内部のホール部分にも何らかの被害が生じた模様で、使用再開されていない。その後しばらくして、練習室等は使用再開されている。

擁壁は建物に接近している箇所で崩壊している。

庇のある入口脇に傾いた増築部がある。

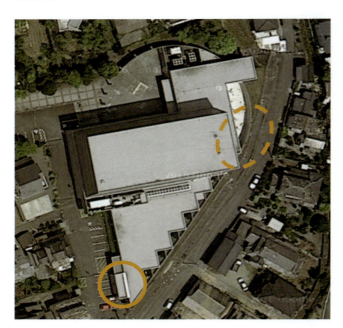
建物配置、丸印の部分が傾いた部分で屋上のエキスパンションジョイント金物が見える。破線部内が擁壁が崩壊している部分。

入口脇のエキスパンションジョイントが上部で開いている。

益城町総合体育館
熊本県上益城郡益城町木山

●建物概要
用途：総合運動公園内の体育館
構造：鉄筋コンクリート造
階数：2階建て
年代：1998年4月竣工
形態：本館は整形建物。受変電設備棟

●被害状況
天井仕上材が落下したので、これを除去し全館・冷房し、被災住民の避難場所として使用。屋外路盤が波打っている
活断層方向：震源から東北東：3.5km

●調査日時
5月30日　三木 哲

●前震時の被害は不明
秋津川と木山川にはさまれた扇状地に陸上競技場・テニスコートなどと一体的計画された総合運動公園被災した益城町住民の避難所となる。
●受変電室棟は液状化により大破

小 破

　震源より東北東、3.5kmの秋津川と木山川に挟まれた敷地で、陸上競技場、テニスコートなど益城町総合運動公園の一画に建つ総合体育館。平成10年に竣工した新耐震以降の建物である。この敷地は震源と活断層が地表に現れた地点の線上にある。敷地のアスファルト路盤は地震動をそのまま表現したように波打ち、室内の天井が脱落し、屋外に独立して建つ受変電室棟が傾斜していたが、施設の電気設備は稼働していた。

　体育館は杭基礎であり、この南に建つ受変電室棟はベタ基礎であったためと思われる。地盤の液状化により建物が傾斜したと推測される。新耐震以降に建設された、新しい戸建住宅が地震被害を受けた要因と同じ現象であろう。

　受変電室棟の修復は地盤改良が妥当と思われる。
　天井仕上材が脱落した体育館の内部は新たにシートで

Googleマップより

天井を覆い、2階の観覧席に約5m間隔で大型空調機を設置し、避難者の生活空間を冷房していた。
　避難者の生活空間は2m角の単位で仕切られ、各区画のプライバシーを確保するように配慮されていた。
　町民体育館はここの総合体育館。役場北側の体育館は旧体育館。

傾いた受変電棟

建物外周の天井仕上材の一部が脱落していた。

体育館内部の天井の脱落跡はシートで覆われていた。

周囲地盤のアスファルト舗装の凹凸

益城町旧町民体育館
熊本県上益城郡益城町宮園

小 破

●建物概要
用途：町営体育館
構造：鉄筋コンクリート造
階数：地上2階建て・屋根：鉄骨造
年代：不明
形態：整形建物

●被害状況
前震時の被害不明　窓からの漏水が有り室内の中央部と外周部の天井仕上材脱落
町役場の北側に隣接する建物
活断層方向：震源から北東：3km

●調査日時
5月30日　三木 哲

● 前震時の被害は不明、街の中心部にある体育館。周辺の戸建て住宅は地盤の変動により被害が多い。
● 総合体育館より高経年建物なので復旧は後回しの様である。
● ガラスが割れベニヤ板が張られる。

　益城町役場の北側に位置する同じ敷地内の建物。
　鉄筋コンクリート造の建物で屋根架構は鉄骨造。
　応急危険度判定では立入禁止の「赤紙」が貼られていた。地震動で体育館内部の天井仕上材が中央部と端部が脱落し、サッシのガラスが割れ、漏水していた。

　益城町にはもう1か所、平成10年竣工の新しい総合体育館があり、この建物も天井仕上材が脱落したが、地震後被災した地域住民の避難所は総合体育館を使用し、戸建て住宅の被災地に近い町民体育館は使用されていなかった。

Google マップより

天井中央部と外周部の仕上材が脱落

建物の東側外周部の地盤被害

八代市立博物館
熊本県八代市松江城町

●建物概要
　用途：博物館
　構造：RC造・一部鉄骨造
　階数：地上4階　地下1階
　年代：平成3年3月竣工
　形態：不整形

●被害状況
　被害なし
●調査日時
　7月19日　鯨井 勇

無被害

　人工的な丘に1階部分は埋まっており、2階部分にエントランスが設けられている。建物北側が一部4階建てになっている。

　調査時に被害は見受けられなかった。博物館のホームページ上の情報によると、地震後休館にし、余震に備え館内の全ての展示品をケースから取り出し、収蔵庫に移され安全確保・収蔵品の点検作業がされると共に、館内の設備点検がおこなわれたようである。地震発生後、臨時休館していたが、5月17日より再開館された。

Googleマップより

立面図　八代市立博物館HPより

各階図　八代市立博物館パンフレットより

内館写真　八代市立博物館パンフレットより

北西側外観

2階エントランス

阿蘇望星学塾
熊本県　南阿蘇村東海大学キャンパス

建物傾斜

- ●建物概要
  - 用途：男子学生寮
  - 構造：鉄筋コンクリート造
  - 階数：地上4階建て
  - 年代：不明　震源より北東東：22km
  - 形態：雁行型平面形状
- ●建物の外観から外壁や主要構造部に損傷は全く見られない。サッシュ・ガラスにも損傷はないが約8度崖側に建物は傾斜し、建物外周部の地割れが見られる。
- ●調査日時
  - 7月17日　三木 哲
- ●RC造4階建ての建物なので杭基礎と思われる。建物の北東側が深い谷になっていて、がけ地盤が谷に向かって移動し建物が谷側に向かって傾斜したものと思われる。杭ごと傾斜したか、杭の一部が破損したか、と思われる。

東海大学南阿蘇キャンパスの男子学生寮。鉄筋コンクリート構造地上4階建ての建物で、最も渓谷に近い位置に立地する。他の学生寮が地上2〜3階建ての比較的小規模な建物であるのに対し、この建物は4階建てで寮生のコミュニティースペースや食堂などが充実している。建物の外観にはひび割れが全く見られず、柱・梁・壁・帳壁や、サッシュ・ガラスなどにも損傷は全く見られない。エントランスホールに一歩足を踏み込むと、床面が明らかに傾斜しており、両開き框扉は傾斜のため自動的に閉鎖してしまう。傾斜計で測定すると約8度ほど建物は崖に向かって傾いている。「応急危険度判定」で「立入り禁止」が指示されている。室内は崖側に傾斜し、正常な日常生活は送れない状態であった。

Google マップより

学生寮の内部。食堂、ホール。学生は退去し、私物は見られない。床は崖の方向に向かって傾斜している。

道路を隔てた向かい側の学生寮は激しく損傷しているが、この建物の床スラブや柱・壁にひび割れなどの損傷は一切見られない。杭基礎ないし地盤が壊れることにより、建物の上部構造は破損しなかったと思える。

8度の傾斜を修復し、水平、垂直にすれば今すぐでも使える状態になる。急峻な崖に打ち込まれた杭基礎をどのようにして、正規な状態に修復できるか、建設技術と知恵の絞りどころである。

21世紀の日本の建設技術が試されている。

キャンパス内で最も崖に近い位置に建つ、鉄筋コンクリート造地上4階建ての男子学生寮。
建物の向う側が渓谷の崖になっている。
建物は崖側に8度傾斜している。

建物の南西側に浄化槽とアスファルト舗装の駐車場があるが、浄化槽は杭なしのべた基礎と思われるが槽はその周囲の路盤から浮き上がっている。

アスファルト舗装駐車場の崩落個所。駐車場のアスファルト路盤面には多くのひび割れが入り、一部は崖崩れを起こしている。

建物の崖側の前庭。手前は物干し棚。画面右側が崖。庭に置かれた物置が崖側に傾斜している。

建物の崖側の状態。
盤面が沈下し、基礎梁（片持ち小梁？）が浮き上がっている。
地中埋設管が破断している。

崖と反対側の建物の外周部の地盤。
建物が崖側に移動しているように見える。

この建物を修復する場合、崖下から擁壁や杭基礎を頑強なものに造り直すか、又は曳家工法により、建物を崖から離れた平坦な位置に移動させる方法が考えられる。

南阿蘇村学生寮
熊本県阿蘇郡南阿蘇村河陽

倒 壊

- ●建物概要
  - 用途：学生寮
  - 構造：木造
  - 規模：地上2階
  - 竣工：不明
- ●被害状況
  - 1階が層崩壊した学生寮3物件と被害の少ない1物件
- ●調査日時
  - 7月17日　菊地 守
- ●備考
  - 東海大学阿蘇校舎近くで、寄宿舎の多い地域の一部を調査した。

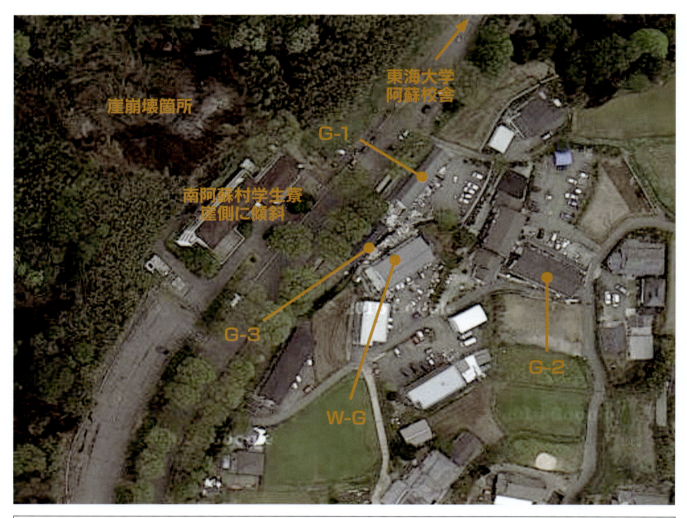

3物件リスト			
物件名	所在地	種別	備考
学生寮 G-1	熊本県阿蘇郡南阿蘇村	木造2階	倒壊（1階層崩壊）
学生寮 G-2			倒壊（1階層崩壊）
学生寮 G-3			軽微な損害
学生寮 W-G			倒壊（1階層崩壊）

　崩落した阿蘇大橋から東海大学阿蘇校舎へ通じる道路沿いに寄宿舎群があり、調査範囲では3棟が崩壊していた。建設年の新しいものは、軽微な損害で済んでいるものもある。

学生寮G-2は、南バルコニー側へ転倒しているため、廊下側の観察が容易であった。北側2階外廊下は傾いており、外廊下部分と木造住宅棟との接続が切り離されている。

外廊下側から見た倒壊した学生寮G-2

外廊下側から見た倒壊した学生寮G-2（上写真の右側）

住宅棟の土台と柱の接続に注目して、1階外廊下に面した箇所で以下を確認した。
　・土台の上に柱が設置されている。
　・柱、土台にはホゾ及びホゾ穴は作られていない。（写真1、4）
　・土台と柱の接続は釘によっており、箇所により1本から4本となっていた。（写真1、3、4）
　・筋かいの痕跡は見当たらなかった。
　・釘以外の接続金物は使用されていない。
　・土台に大きな損傷は見られない。
以上、かなり問題のある施工状況であることが確認できた。

写真1

写真2

写真3

写真4

G-1は、東海大学へ向かう道路沿いにあり、1階が崩壊していた。

北側から見た学生寮G-1。右奥が大学への道路。

道路から見た学生寮G-1

上の写真の後方に見える学生寮G-3は、建設年代が新しく、窯業系サイディングである外壁の一部が落下した程度の損害で済んでいる。

学生寮G-3外観。
銀色の部分がサイディングの剥がれた場所。

学生寮G-3の近傍に建てられている学生寮W-Gも1階の層崩壊により倒壊している。ほぼ、垂直に崩壊しており、崩壊した1階の調査は難しい状況であった。

W-G

以上4棟の学生寮の中で、窯業系サイディングが使用されており建設年代の新しい学生寮G-3は、少ない被害で済んでいるが、それ以外の3棟は昭和49年から平成4年（1974年〜1992年）頃までの間に建てられたとみられ、1階の層崩壊を起こしている。2000年に木造構造基準が改正され、部材接続金物の設置が規定され、それ以前とそれ以降の木造住宅の性能差が生じたことの一つの被害事例と考えられるかもしれない。

学生寮G-1、学生寮W-Gについては崩壊した1階の直上に2階が載っており、倒壊した1階の状況が把握できなかったが、学生寮G-2では1階が斜めに崩壊、2階がずれて崩壊しているため、1階の損害状況が調査可能であった。特に、学生寮W-Gにおいては、被害者の救出などのために建設部材の切断等の被害後に手が加わっている箇所が多かった。

阿蘇神社

熊本県阿蘇市一の宮町宮地3083-1

倒　壊

- **建物概要**
  - 用途：神社
  - 構造：木造
  - 階数：1階、2階
  - 年代：下記参照
  - 形態：整形

- **被害状況**
  - 楼門（重要文化財）、拝殿、神饌所が倒壊。その他は軽微。

- **調査日時**
  - 7月17日　安達和男

- 大屋根で、壁の無い建物が倒壊 文化財として復元再建が必要。
- 建物の耐震化と合わせて、地盤改良が重要である。

　神官に案内していただき、神域に入り。被害状況の説明を受けた。以下はその内容。

- 楼門（重要文化財）寛永二年建立；倒壊
- 拝殿　1948年再建；倒壊
- 神輿庫；軽微
- 神饌所；倒壊
- 一の神殿　天保11年建立（1840）；軽微
- 二の神殿　天保13年建立（1842）；軽微
- 三の神殿　天保14年建立（1843）；軽微、支保工にて保全
- 神幸門　嘉永元年建立；損傷なし
- 還御門　嘉永元年建立；損傷なし

- 拝殿が倒壊し、神饌所を押し倒した。拝殿は台湾ヒバを用いて、昭和23年に建て直した。
- 楼門は二層で、柱が上階に通っておらず、上に箱が載った構造だった。下階には壁が無かった。
- 神殿三棟は、基礎が損傷を受けている。部分解体し、修理の必要がある。余震で損傷が進んだ。基礎が割れ、柱が浮いてきた。
- 神域は地盤が悪い。水はけが悪い。拝殿付近は液状化した可能性もある。

Google マップより

参道から楼門を見る。一階が倒壊し屋根が落ちた。

阿蘇神社の配置図。地震は図の右側（南）から来た。石灯篭の頭が左へ落ちている。

拝殿の正面。柱が倒れ、屋根が落ちた。柱のほぞが石基礎から折れ抜けている。

拝殿の神殿側。右に傾いている。奥は倒壊。
地盤は水はけが悪く、苔が生えている。拝殿周囲は液状化の可能性がある。

三の神殿。支保工で支えている。

拝殿

二の神殿。基礎が割れ、柱が浮いている。余震で損傷が進行した。

拝殿と神饌所。ともに倒壊

熊本ホテルA

26

熊本県熊本市中央区城東町

小　破

- ●建物概要
  - 用途：ホテル、宴会場、料理店など
  - 構造：鉄骨鉄筋コンクリート造
  - 規模：地上11階、地下1階
  - 竣工：1975年8月
  - 形状：高層棟＋低層棟
- ●被害状況
  - 客室高層棟の外壁、内壁に亀裂が生じているが、主要構造部には支障が無いため、被害修復後復旧する予定となっている。
- ●調査日時
  - 5月2日　菊地 守
- ●備考
  - 設計：松田平田設計
  - 施工：鹿島建設株式会社
  - 1981年熊本市優秀建築賞

本施設は熊本城の東側、坪井川を渡った街区に位置している。

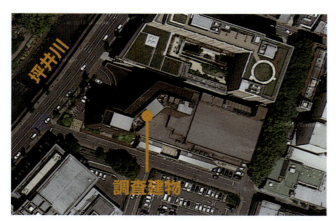

ホテルのご好意にて、客室高層棟で最も被害の大きかったという4階客室フロアの調査中の状況を視察することができた。その後、外観から客室棟の状況を再確認した。

廊下などの躯体壁面に亀裂が生じた箇所が多く見られたが、仕上げモルタルに亀裂があっても躯体壁面には至っていない例も見られた。（左下写真）

客室部分の被害は主に2つの窓に挟まれた外壁の部分に生じた剪断破壊によるもので、亀裂は内外に貫通しており、外壁側では磁器タイルの破損落下を引き起こしている。

鹿島建設にて調査及び修復工事が進行中。低層部外周の外壁補修が工事中。主要構造部に被害がないため客室以外の低層部は営業を行っている。客室階の外壁については調査中とのことであるが、調査結果を検討後、修復予定とのこと。

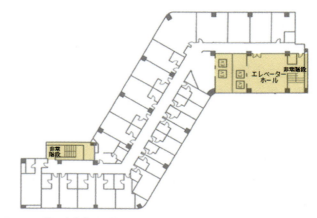

3～10階　客室階平面図

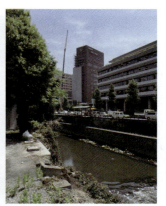

客室及び共用部の壁面亀裂の状況（写真3枚）
坪井川対面よりホテルを見る（右下写真）

ピーエス社（旧第一銀行熊本支店）
熊本県熊本市中央区中唐人町

小破

- ●建物概要
  - 用途：店舗・事務所
  - 構造：鉄筋コンクリート造＋煉瓦組積造
  - 階数：地下1階、地上2階、塔屋あり
  - 年代：1919年竣工
  - 形態：整形（東側にRC2階建てを増築）
- ●被害状況
  - 煉瓦造の構造躯体はひび割れなどの損傷が発生している。木摺下地漆喰仕上の漆喰は厚さ5cmあり、1m²程度剥落
  - ・活断層方向：震源から北西：9.6km
- ●調査日時
  - 7月19日、21日
- ●本建物の耐震改修、維持保全計画の適切なアドバイスが必要。平井川の掘割とこれに架るアーチ橋と合わせて、近代熊本の歴史的景観としても価値が高い。
- ●文責
  - 三木 哲・三木 剛・近藤一郎

建物概要

1919年（大正8）に、旧第一銀行熊本支店社屋として建てられた。清水組（現 清水建設）の設計施工である。設計担当は西村好時氏、第一銀行を含めた銀行社屋を多く手掛けている。

1986年に老朽化のために取壊しの危機にさらされるが、「熊本まちなみトラスト」が保存運動に取り組んだ。その後ピーエス社が所有し、1998年から3年に渡る保存・改修工事を行い、現在はピーエス社のショールーム・事務所となっている。1998年に登録有形文化財に指定されている。（写真1）

改修時に、1階の旧営業室は、銀行らしい吹抜けの雰囲気を残しながら鉄骨フレームを2ヶ所設置して、2階に床を新設し、ショールームとして使用している。このフレームは既存躯体からは独立した構造であり、屋根梁下端まで延びて、ダンパーを設置している。耐震改修はなされていない。（写真2）

外壁の腰廻り及び窓台やまぐさに花崗石を使用した様式は重厚である。内部は格天井風にオーナメントが漆喰で成型されるなど、内外共に、当時の様式をよく保存している。

構造は、鉄筋コンクリート造のフレームに煉瓦積石造とした混構造であり、外周壁の基礎廻りは煉瓦造である。

被害状況

外壁には貫通したひび割れが認められ、外壁からの漏水の応急処置としてシーリングがなされている。

写真1

写真3

写真2

写真4

（写真3、4）煉瓦積の壁であり、目地の補強が求められる。2階事務室及び階段の漆喰塗り天井の一部が剥落しており、塗厚が厚いことから余震等で更に剥落する危険性が高い。（写真5、6）現在の漆喰の意匠をそのままに補強できることが望ましいが、100年近い築年数を考えると難易度は高そうである。

建物のひび割れ等は各所に見られるが、開口の隅角部が主であり、建物の不同沈下は問題にならない範囲と思われる。また、改修時に新設した地階への階段側壁のひび割れは、建物新旧の接続部に発生している。（写真7）

今後の改修に当たっては、外壁タイルからの雨水浸入防止と煉瓦壁体に入ったひび割れ（煉瓦目地部）の補修と煉瓦の目地補強が必要と思われる。

現状では外壁タイル面に塗ったクリア保護塗膜がタイルの質感を損ねている。このクリア塗膜は劣化すると雨水が浸入して白濁や塗膜破断するので今から補修方法を検討する必要がある。

基礎と周辺地盤

この周辺を含めた熊本市域は、河川の浸食により形成された沖積層が広範囲に広がっており、地盤としてはあまり良好ではない。

坪井川側の基礎下部には松杭が施工されており、他は直接基礎である。松杭は深さ7～9m前後の砂礫等の中間層で支持させていると思われる。地下水位は高い地域であるので、既存松杭は腐敗する事なく健在であろうと推測している。（写真8）

歴史的建造物の保存と街並み形成

この建物のある中唐人町は、大正時代に最も栄えた商店街であったことから銀行が立地していた。この通りには現在も100年を超えた木造商家が残り、今回の地震で大きな被害を受けている。

このPSオランジュリは、平井川にかかる明十橋のたもとに建ち、石造アーチ構造の明十橋（明治20年）や上記の商家とともに、周辺の歴史的景観をよく残している。こうした街並みを保存活用するためにも、行政からの災害復興支援を求めることを勧めたが、同時に行政側の積極的な支援施策が待たれる。

また、ショールームの責任者はこの建物の耐震性やこれからの維持・保全計画などについて悩んでいた。地下の免震レトロフィットが最適ではないかと判断し、免震構造について研究されることを勧めた。

写真5

写真7

写真6

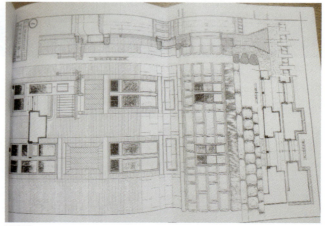
写真8

Bホテル熊本交通センター前
熊本県熊本市中央区

軽　微

- ●建物概要
  - 用途：ホテル
  - 構造：SRC造・一部RC造 ラーメン構造
  - 階数：地上13階
  - 年代：第3世代：2003年11月
  - 形態：I型
- ●被害状況
  - 一部雑壁のせん断破壊
  - 外壁タイルの剥がれ
- ●調査日時
  - 7月19日

　2003年に竣工した新耐震基準の新しい建物である。本建物は、地上13階建てのビジネスホテルで、1階はピロティ駐車場とロビーになっている。

　建物外周部の構造躯体には、ほとんど損傷はみられなかったが、外壁タイル剥がれ・ひび割れを確認した。

　調査時には、外部まわりに足場を建て、外壁補修工事中であったが、ホテルは営業していた。災害が起こった時は、宿泊施設が少しでも早く営業を再開することが、再生の一歩となる。

Googleマップより

北西面外観

北西面外観（外観補修中）

菊南温泉Cホテル別館
熊本県熊本市北区鶴羽田

小 破

- ●建物概要
  - 用途：ホテル、宴会場、料理店、浴場
  - 構造：鉄筋コンクリート造
  - 規模：地上8階（本館）7階（別館）
  - 竣工：不明
  - 形状：本館、別館（1階にて接続）
- ●被害状況
  - 別館客室部、別館低層部の一部料理店が営業停止。別館及びその低層部周辺にて被害があった模様。
- ●調査日時
  - 5月1日　菊地 守
- ●備考
  - 閉店した料理店の再開 7/23 から

　結婚式場、葬祭会館、ホテル、スポーツ施設などを運営している互助会の運営するホテル、結婚式場、温泉スパリゾート、スイミングクラブ等の複合施設である。平成23年頃にオープンしている模様であるが、詳細は不明。

　ホテル、結婚式場については、調査時点で概ね営業をしていた。別館と呼ばれる旧館客室が営業を停止しており、旧館低層部、レストラン周辺（階段等）が立ち入り禁止となっていた。

　これらは、ホテル旧館及びその増築と思われる2階建部分や突出した階段部に集中しており、旧館（7階建）の地震時の揺れが増築などで突出した部分へ影響したためと推測される。

2階レストラン増築部の打継部の躯体断裂状況

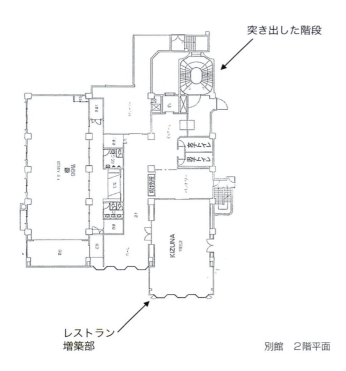
別館 2階平面

ホテル旧館の東面を見る。右に3階まで本体から突き出ている部分が階段部分で、階段内部ではモルタル及び仕上タイルの剥離が生じていた。

中華料理E
熊本県熊本市東区

軽微

- ●建物概要
  用途：店舗・共同住宅
  構造：鉄筋コンクリート構造
  階数：4階
  年代：1981年以前と思われる。
  形態：不整形
- ●被害状況
  「外壁および室外機の落下の恐れあり」との理由で、応急危険度判定では赤紙
- ●調査日時
  6月30日　安達和男
- ●古い建物であるが、損傷は少ない。被災度判定および耐震診断を受けて、補強改修すれば使用が可能と思われる。

　健軍商店街の裏にある。店舗上部にセットバックした住宅あり。

　応急危険度判定では、危険、赤紙。「外観調査の未実施。外壁および室外機等に落下の危険あり」

　外壁タイルの落下が見られるが、その他の損傷は見えない。

　上部セットバック。下部ピロティ状の駐車スペース。かなり条件的には厳しい建物であるが、その割には倒壊や大きな損傷を受けていない。

　空調の室外機は動線の上部にあり、落下の懸念がある。大型でもあり、地上に降ろすべきだろう。

Googleマップより

1階は半地下で駐車場になっている。

店舗は2階、3、4階が共同住宅でセットバック

応急危険度判定の赤紙

ピアクレス健軍商店街
熊本県熊本市若葉1丁目

一部大破

● 建物概要
用途：商店街アーケード
構造：鉄骨造
年代：1992年竣工
形態：ピロティ

● 被害状況
・アーケード沿いの商店の倒壊により鉄骨製柱が座屈
・震源から北西：3.5km

● 調査日時
5月30日、7月18日　三木 剛

　健軍商店街が現在の全蓋式アーケードを建設したのが1992年（平成4年）で、建設と同時に商店街名称を「健軍商店街ピアクレス」とした。

　天蓋は総延長300m、幅員は約30m有り、一方通行の道路が中心を通り、その両脇に歩道が設置され、商店は歩道の両脇に建てられている。

　構造は鉄骨造による柱の天端に、天蓋を支えるアーチ状の鋼管が渡された架構が構成されており、大凡20m程度ごとの間隔で設置されている。架構ユニット同士を繋ぐ梁はトラス構造で、長手方向に渡されている。梁はほぼ歩道の幅程度あり、商店の庇としての役割を果たしている。

　天蓋屋根材は半透明屋根が架かり、恐らくポリカボネード製と推測する。屋根材の落下や割れ等による欠損等は確認されない。

　調査時は、アーケード内にある商店の倒壊により、アーケードを支える柱が2本座屈していたが、それ以外目立った被害は無かった。

アーケード上部の外観

倒壊した建物に隣接した支柱に被害が生じた。

被害部分の側面外観

被害部分支柱の状況

Fマーケット健軍
熊本県熊本市若葉1丁目

大 破

- ●建物概要
  - 用途：店舗
  - 構造：不明
  - 階数：地上3階
  - 年代：1976年開業
  - 形態：不明
- ●被害状況
  - ・建物西側のアーケードに面した店舗部分が倒壊した。
  - ・震源から北西：3.5km
- ●調査日時
  - 5月30日、7月19日　三木 剛

　熊本市電・健軍駅より南東に徒歩5分程度に位置する、3階建の中規模マーケット。

　昭和51年4月開店であるが、建物自体は元あった大洋デパート健軍支店の建物を活用しており、全壊した部分は築後50年近かった。

　調査時、その大半が撤去されてしまい、被害状況は把握できなかった。構造形式も不明。インターネット上の被害写真を見ると鉄骨ALCと思われる。

　恐らく、1階にスーパーマーケットが入り、ピロティ状の大空間が有った為、1階部分が層崩壊を起こした可能性が高い。

Googleマップより

被害前のアーケード側外観（インターネットから）

アーケード側の被害状況（インターネットから）

7/19 調査時には解体中であった。

同左

Hマンション平成一番館

熊本市中央区本山町

小破

●建物概要
用途：共同住宅（分譲マンション）
構造：鉄骨鉄筋コンクリート造
階数：地上13階建て、片廊下型
年代：1998年2月竣工
形態：L字型配置、EXPJoint分割

●被害状況
・共用廊下帳壁にせん断亀裂、変形玄関扉更新
・RC造屋外階段スラブに亀裂
・1階各所に外装仕上タイルの剥落がある。
活断層方向：震源から北西：7.3km

●調査日時　5月30日　三木哲

●前震時の被害は不明
居住者が住みながらの応急復旧工事が実施されていた。
各住戸の鋼製玄関扉の取り換え工事が行なわれていた。
1階ピロティの駐車場は使用中止していた。

　JR豊肥本線、平成駅から西に約200mの線路沿いに建つ鉄骨鉄筋コンクリート造、地上13階建て、戸数97戸の分譲マンション。1998年2月に竣工。

　EXP.Jointで構造的に2棟に分かれた建物である。共用廊下の雑壁にせん断亀裂が入り、鋼製玄関扉が開閉不可能な住戸があり、新規扉への更新工事などが行なわれていた。

　居住者が住んでいて、応急復旧工事が行われていた。1階にはエントランスホールの他に、駐車場ピロティがあり、柱や梁の変形による外装タイルの剥落、パイプシャフト囲障ボードの剥落が見うけられた。1階の耐震壁にも、下端部に仕上材の剥がれがある。下段左の写真は鉄筋コンクリート造屋外階段のスラブと手摺壁に、躯体を貫通するひび割れが発生している。エレベーターシャフトの塔屋屋上に高

Googleマップより

置水槽が設置されているが、遠方から見る限り、水槽の脱落は見られなかった。また、敷地地盤の隆起や陥没も観察されなかった。

　全体的な被害状況から「小破」又は「軽微」と判定される。今後、被災度判定が実施され、判定結果を踏まえて恒久復旧工事が実施される事が期待される。

南西側外観

1階ピロティ柱の仕上タイル。PS囲障の剥落

RC造屋外階段の床と手摺壁に生じた亀裂

妻側住戸外壁に生じたせん断ひび割れ

メゾンI

熊本県熊本市中央区本荘町

小 破

- ●建物概要
  - 用途：店舗付共同住宅（分譲マンション）
  - 構造：鉄骨鉄筋コンクリート造
       一部鉄筋コンクリート造
  - 階数：地上10階、地下1階　片廊下型
  - 年代：1974年竣工
  - 形態：南北方向長方形 地下駐車場
- ●調査日時
  - 5月30日　三木 哲・鯨井 勇
- ●被害状況
  - 共用廊下雑壁微せん断亀裂発生
  - 妻壁（耐震壁）にせん断亀裂発生
  - ブロック塀倒壊。周辺地盤と段差発生
- ●前震時の被害は不明
  - 4車線道路に面する。
  - 南北5スパン東西2スパンの成形な店舗付マンション。

　JR豊肥本線、平成駅から北に300mの片側2車線幹線道路沿いに建つ地下1階、地上10階建ての店舗付きマンション。南東角より地下駐車場に通じる車路がある。

　南北方向5スパン、東西方向2スパン、西側に共用廊下と屋外階段、屋内階段・EVシャフトがある。

　地下駐車場の車路に面する南側妻壁（耐震壁）に多数のひび割れが見られた（写真1）。中層階の外壁にはせん断破壊が見られ（写真2）、共用廊下の壁にはせん断亀裂、避難階段の出入口扉の上部の垂れ壁はコンクリートが剥落し鉄筋が露筋し、柱-梁接合部の梁下端部の破損が見られた。南側隣地に面する妻壁（基礎梁）のモルタル、及び被りコンクリートが剥落し鉄筋が露筋していた（写真3）。

　外構では、西側及び南側のコンクリートブロック塀と鋼製フェンスが倒壊していた。地盤の変状により、外構周辺部と建物に段差が生じていた。

Googleマップより

　塔屋に設置されている高置水槽は、下から見る限り破損・変形は観察されない。

　高経年建物であるにもかかわらず、柱の破損がなく被災度は「小破」と判断される。これはピロティ、下階壁抜け柱が少なく、更に地下駐車場が設置されているためと推測される。

建物外観　西面

写真2　外部　中層階のせん断破壊

写真1　地下駐車場の車路に面する南側妻壁にひび割れ

写真3　外観南側　打ち継ぎ下部に亀裂が生じ鉄筋が露筋している。

Jマンション平成駅前一番館

熊本県熊本市中央区本山町

大破

●建物概要
用途：共同住宅
　　　（賃貸マンション32戸）
構造：鉄筋コンクリート造
階数：地上9階建て
年代：2006年頃竣工
形態：整形形状

●被害状況
1階のピロティ柱のすべてに被害が有り一部、1階の壁にひび割れが見られるが、2階以上においては、外観からは被害が見受けられない。

●調査日時
5月31日　岡田和広

●震源地：南東へ約7km
●応急危険度判定は「赤紙」立ち入り禁止。
7月18日、第2次調査時には解体工事がはじまっていた。

　豊肥本線JR平成駅の西側に位置し、平成18年頃に新築された新耐震基準の共同住宅である。外観からは、被害の見受けられない新しい建物ではあるが、応急危険度判定で赤紙が貼られ、大破となっている。

北東側建物外観

Googleマップより

応急処置としてピロティの柱は支保工で支えられている。

ピロティ柱主筋継手周囲の損傷の状況

　1階のピロティは、2階以上と異なり、ピロティ全体に支保工やそれの挫屈止め用の単管で補強されている。柱のGLから50cm付近では、コンクリートが剥がれ落ち、主筋が露出している。7本すべての主筋の継手が同じ高さで破断しており、外観から圧接継手工法ではないことが分かる。金属カバーのような物が確認できる。大破の原因は、引張力の分散ができていないことが柱主筋破断の要因であると分析できる。また、この継手の破断から躯体にひびが入り繰り返しの揺れによって表面のコンクリートが破壊され

主筋継手破損状況

たと推測。応急処置の支保工は圧縮力を補うもので、大きな余震で柱に引抜き力が生じると鉄筋が破断しているため、転倒する恐れがある。

Kビル
熊本県熊本市中央区迎町

小破

●建物概要
用途：店舗・共同住宅
　　　（分譲マンション）
構造：鉄筋コンクリート造
階数：地上7階建て
年代：1980年（昭和55年）
形態：不整形、3階以上V字型平面形状

●被害状況
構造躯体：被害無し
非構造壁に斜めまたは×型にせん断亀裂が入り、コンクリート剥落や鉄筋露出も多く見られた。
●調査日時
5月31日　三木 哲・今井章晴

●震源から西に約12km
●生活は維持できず。
●応急危険度判定　「危険」（赤紙）
柱や壁にひび割れが多く見られ、外装材落下の危険があるとの記載

　JR鹿児島本線熊本駅から東に歩14分、白川の南約300mの所に位置し、国道3号線に面した敷地に建つ、1980年竣工の旧耐震基準のマンションである。

　建物の平面形状は不整形で、1階〜2階は敷地なりの5角形の事務所棟、3階以上にV字型の住居棟が乗る。

　正面側1階〜2階外壁はタイル張りで、非構造壁がひび割れ、タイルが剥落しているところがあった。3階以上及び裏面側1階〜2階外壁の塗装面や、共用廊下側の非構造壁には、斜めまたはX型にひび割れが入り、一部にコンクリートに穴があき、鉄筋が露出していた。階段室の壁にも、斜めまたはX型にひび割れが入り、コンクリートに穴があき鉄筋が露出している所もあった。

Googleマップより

写真1　北側外観

写真3
1階〜2階外壁タイル張部分で非構造壁がひび割れ、一部剥落していた。

写真2　事務所裏側駐車場
耐震壁のひび割れは、部分的で比較的軽微だった。

写真4　東面
非構造壁のひび割れ。外壁の雨がかかる所に生じたひびわれは、雨漏りの原因になる。

写真5　階段室雑壁
斜めまたはX型にひび割れが入り、コンクリートの剥落や鉄筋露出があり、壁の向こうが見える所もあった。

写真8　住戸共用廊下側　非構造壁のひび割れ
鉄筋コンクリート壁に打ち込まれた電気配管は、地震の時に弱点になる。

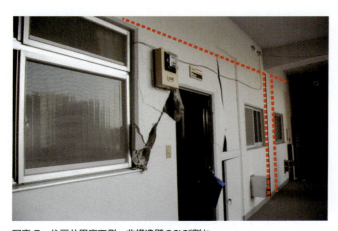

写真6　住戸共用廊下側　非構造壁のひび割れ
柱・梁など構造躯体にひび割れは見られなかったが、非構造壁に斜めまたはX型にひび割れが入り、コンクリートの剥落や鉄筋露出も多く見られた。

写真9　棄てられた地震災害ごみ
住民は避難し、引っ越ししている姿も見られた。

写真7　住戸共用廊下側　非構造壁のひび割れ
玄関ドアとアルミサッシの間に入ったせん断ひび割れ。コンクリートの剥落や鉄筋露出があり、壁の向こうが見える所も有る。玄関ドアは開かない。

写真10　応急危険度判定　「危険」（赤紙）
「柱や壁にひび割れが多く見られ、外装材落下の危険がある」「一部の柱に大きな損傷がある」との記載

LマンションIII
熊本県熊本市東区西原

軽微

●建物概要
用途：共同住宅
構造：鉄筋コンクリート造
階数：6階
年代：2004年2月
形態：不整形

●被害状況
ピロティの柱頭に亀裂が生じ、タイルが剥離
窓の角から亀裂　いずれも軽微
●調査日時
7月19日　安達和男

・補修は必要だが、問題はない。
・周囲には大きな損傷がある建物があるが、本建物は軽微、平地のためか。

　Rマンション保田窪の向かい側にある。
　損傷は軽微。ピロティだが整形。1階の柱にわずかな亀裂。耐震性を証明した。

東を向いている。

Googleマップより

この面の躯体には損傷なし

東南の角の柱は損傷。
梁との境界部、梁に亀裂。タイルの剥離

窓の脇の亀裂は大きい。

中央の柱も柱脚、柱頭に損傷

市営栄第一団地
熊本県熊本市東区栄町2

[41]

軽微

● 建物概要
用途：共同住宅
構造：鉄筋コンクリート造壁式構造
階数：地上3階
年代：1963～1965年頃竣工
形態：整形・壁式階段室型

● 被害状況
・被害なし
・震源から北西：3.5km

● 調査日時
7月18日　仲村元秀・三木 剛

　熊本市電、健軍駅より南に徒歩3分程度に位置する、6棟からなる共同住宅。3階建てで、住棟ごとに、南側、及び、北側に部分的に増築され、エキスパンションジョイントでつながる。

　公団標準設計の階段室型壁式構造で、構造躯体に被害は見受けられない。また、サッシュや玄関扉など二次部材に被害はなく、住民は普段の生活を行っている。

　空調屋外機は共用通路に面する出が50cm程度の1階庇上で市販の置き基礎に置かれている。

　地震時に落下の恐れがあるので躯体への耐震支持が望まれる。

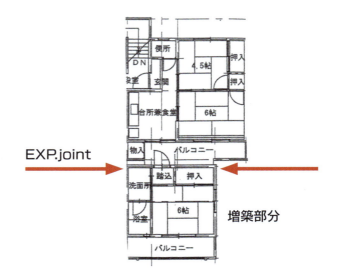

Googleマップより

階段室側外観

階段室から手前に突出した部分は増築部と推測される。

通路に面した庇の上に設置された空調室外機

Mマンション若葉第2
熊本県熊本市東区若葉

軽微

●建物概要
用途：共同住宅
構造：鉄筋コンクリート造又はSRC造
階数：地上10階建て
年代：平成15年
形態：不整形

●被害状況
平面的に突出した部分の中間階外壁（非耐震壁）にせん断亀裂
部分的な外装仕上タイルの剥離、亀裂
軽微な地盤の沈下があり、外構仕上に亀裂

●調査日時
5月30日　江守芙実

●備考
大規模修繕工事の足場架設中に被災
応急危険度判定：要注意（タイル落下）
震源から北西へ約3.5km

　熊本市電の健軍駅と水前寺江津公園下江津湖の中間の平坦な土地に立地する。

　定礎板によると、建物は平成15年に竣工しており、新耐震基準による設計である。平面形状は、長方形平面の一部に突出と欠き込みがある、やや不整形な形状で、立面上は東西それぞれ1スパン分9、10階がセットバックしている。

　北側に共用廊下があり、これに面してRC造の避難階段とエレベーターがバランスよく配置されている。

　南側立面は、柱梁構面より内側にバルコニーが設置されており、外見上は整形に見えるが、バルコニー内の外壁はクランクしており、非構造壁の配置は不整形な形状となっている。

　東西北面は、柱梁構面外に突出してバルコニーがあり、北西側バルコニーの外壁にせん断ひび割れが見受けられた。

　北西側バルコニーの外壁は、上の写真の通り、梁中央部分の下に平面上斜めに折れ曲がった非耐震壁があり、ここに地震力が集中し、中間階部分でせん断ひび割れが生じたものと推測される。

　他の外壁は外観を目視した限り顕著なひび割れが見受けられなかったため、平面上最も不利な形状の部材に、地震の被害が生じたものと推測される。

建物航空写真　出典：Google map

北西側バルコニー外壁のせん断ひび割れ
ガムテープ、ブルーシートで応急補修されている。

左：スリットのない手摺壁とエレベーターシャフトの間に亀裂発生
右：エントランス脇柱の化粧タイルの剥落

建物北側の外観
中央の塔屋はエレベーターとは無関係と思われる。

エントランス床タイルは基礎のある建物と、基礎のない外構の間に亀裂発生

市営若葉団地
熊本市東区若葉２丁目11

軽微

●建物概要
用途：共同住宅
構造：鉄筋コンクリート造壁式構造
階数：地上３階、塔屋なし
年代：1962年～1965頃竣工
形態：整形、壁式階段室型

●被害状況
・建物の構造躯体に損傷は見られなかった。
・増築部分のEXP.jが破損。地震時、揺れ方の違いにより、振幅を吸収しきれなかったと思われる。

●調査日時
５月30日　三木 剛
・震源から北西：3.5km

　熊本市電・健軍駅より南東に徒歩５分程度に位置する、8棟からなる共同住宅。壁式構造3階建て、エキスパンションジョイントにて建物が分かれている。エキスパンションジョイントにより分かれた建物の意匠性が違うことから、増築された可能性有り。

　躯体に損傷は見られなかった。サッシュ・玄関扉等建築二次部材に被害も無く、居住し生活を行なっている。

　エキスパンションジョイント金物に歪み・捲れが見られた。地震時、揺れ方に違いによる変位を吸収しきれなかったことと考える。

　外構等に地盤沈下は見られず、給・排水設備に被害が無かったか、若しくは、軽微な被害で済んだと思われる。

Googleマップより

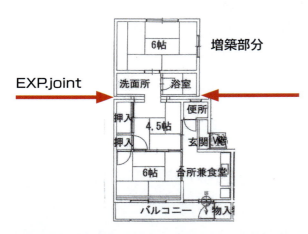

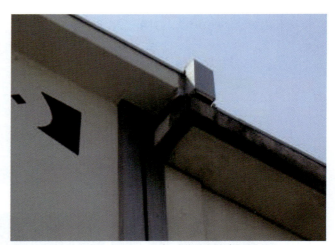
屋根、外壁取り合いのEXP.J　カバー金物に変形が見受けられる。

住棟南西側外壁　EXP.J 北側が増築部分と思われる。

妻壁 EXP.J　カバー金物の変形

Oマンション若葉
熊本県熊本市東区若葉2丁目

小破

●建物概要
用途：共同住宅
構造：鉄筋コンクリート造
階数：地上8階建て
年代：1995竣工
形態：整形、一部ピロティあり

●被害状況
・外壁には著しい損傷、ガラス割れ、地盤に軽微な亀裂

●調査日時
5月30日、7月17日　安達和男

●新耐震だが応急危険度判定では赤紙
しかし、被害は軽微であり十分に補修可

　健軍商店街の奥にある共同住宅。応急危険度判定で赤紙を貼られた。受水槽が被害を受け、給水も止まった。しかし、すべての住民が退出はしていなかった。

　新耐震基準の建物で、比較的整形であり、大きな損傷を受けていない。外壁は吹き付け材であり、被害は少ない。一階まわりはピロティもあり、外壁タイルの剥離や、壁の損傷が見られた。しかし補修し、十分に住み続けられる建物である。

　管理組合のお知らせでは、より詳細な被害調査の必要性を記している。外壁のネットは防鳥対策か、落下防止か、不明だった。十分な大きさの玄関庇もあり、安全を考慮された設計である。

　この地域では新耐震マンションで、大きく外壁に

Googleマップより

せん断亀裂を受けた建物もあった。本建物は比較的被害が少なかった。

一次調査時よりも損傷が目立つ。ALCの損傷が多い。

外壁にネットが掛かる。

玄関わきの外壁タイルが剥落

柱脚部の損傷

Pマンション健軍
熊本県熊本市東区健軍本町

46

軽微

●建物概要
用途：共同住宅
構造：鉄筋コンクリート造
階数：7階
年代：2000年2月
形態：不整形

●被害状況
本体に大きな被害は見られないが、道路とのブリッジが折れて、傾いている。受水槽も傾斜している。

●調査日時
7月19日　安達和男

● 道路との段差にかけられたブリッジが損傷している。本体の被害は少ないの補修できる。
● 傾斜地の建物であり、ブリッジの構造と受水槽の位置を見直すべきである。

健軍の自衛隊正門前のマンション。傾斜地。国道から一階分下がった敷地で、二階が国道とブリッジで結ばれている。

ブリッジが損傷を受け、傾いている。脇の受水槽も傾いている。

Google マップより

廊下側

通行が禁止されている。

ブリッジが折れて、傾いている。

受水槽が傾斜している。

Qマンション保田窪本町

47 熊本県熊本市東区保田窪5丁目

大破

●建物概要
用途：分譲マンション　37戸
構造：SRC造、一部RC造
階数：11階建て
年代：1991年6月竣工
　　　（新耐震第3世代）
形態：一部下階壁抜け柱

●被害状況
前震時の被害不明　建物が傾斜している。
・サッシ・ガラスの破損は見られない。
・共用廊下の帳壁に被害あり
●調査日時
7月18日　三木 哲
5月31日　鯨井 勇

●前震時の被害は不明
・大半の居住者は退去
・建物が傾いていると判定
・杭被害を推定
・杭被害・建物傾斜から大破と判定
・杭補強が必要

　1991年竣工の鉄骨鉄筋コンクリート造一部鉄筋コンクリート造、地上11階建て、戸数37戸の分譲マンションである。周辺敷地に高低差があり、南側隣地に向かって高くなっている。周辺には旧河川が流れている。

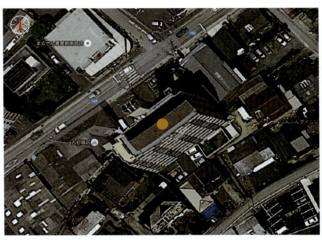
Googleマップより

北側アプローチより駐車場・ピロティ部

　新耐震基準の建物であるが、共用廊下の雑壁や1階擁壁と直行する壁の周辺にひび割れが見られた。
　応急危険度判定では赤紙（危険）が貼られていた。
　区分所有者の話では、専門家が調査し、建物が傾いていたため、赤紙を貼っていったとのことだった。

建物外観 北面

　建物のバルコニー側が一段高くなっていて、この土圧を受けて、杭が変形し、建物が傾斜したのではないかとの見解もある。

　この建物の上部構造の被害は軽微、小破程度である。杭頭が破損した程度で建物を解体・除却するのは勿体ない。阪神大震災後では、次ページ下の写真のように建物の自重で鋼管杭を打ちなおす工法が行われていた。この工法をさらに発展させ、杭頭に免震層を設置すれば、免震マンションにグレードアップできる。大阪中之島公会堂や東京駅丸の内駅舎などは松杭を打ち直し、免震レトロフィット改修がなされている。熊本地震の災害復旧工事で杭補強工事が多く実施され、建物の耐震性能が向上する実績が期待される。

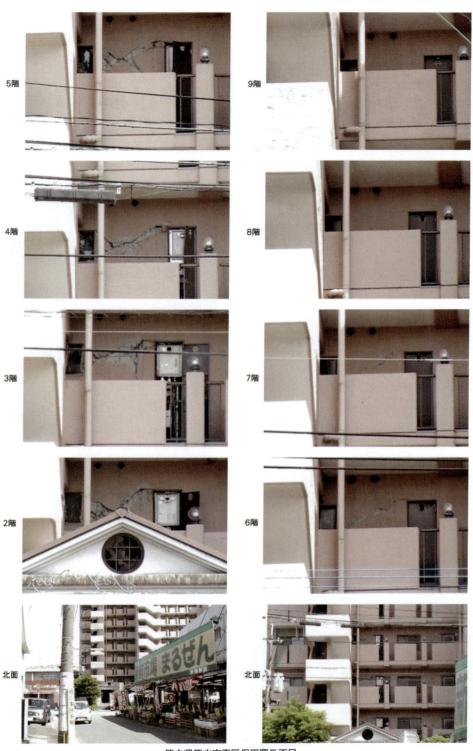

5階 / 4階 / 3階 / 2階 / 北面
9階 / 8階 / 7階 / 6階 / 北面

熊本県熊本市東区保田窪5丁目

阪神大震災後の杭補強・復旧工事の写真。杭被害を受けた公営住宅では建物の自重で杭を打ちなおす工事が行われた。（出典：「マンション再生」テツアドー出版（ＪＩＡ関東甲信越支部・メンテナンス部会編））

Rマンション保田窪

熊本県熊本市東区西原

小破

- 建物概要
  用途：共同住宅（分譲マンション）
  構造：鉄筋コンクリート造
  階数：地上10階建て
  年代：2007年（平成19年）
  形態：L字型平面形状（EXP.J？）

- 被害状況
  構造躯体：被害無し
  1階ピロティ柱と梁の取り合い部分に、数箇所かぶりコンクリートが剥がれ、鉄筋露出
  非構造壁にひび割れ、耐力壁に細いひび割れ

- 調査日時　5月31日　今井章晴
- 震源から北西に約7km
- 白川の東、保田窪水路の北約1km
- 崩壊した53コーポRと道路を挟んで南隣にあるマンション。
- 生活は維持できた。
- 応急危険度判定は「要注意」（黄色）

JR豊肥本線東海学園前駅から東に徒歩9分の所に位置し、熊本東バイパスに面した敷地に建つ、2007年竣工の新耐震基準のマンションである。

1階がピロティ形式の駐車場になっていて、柱と梁の取り合い部分に、数カ所だがコンクリートが剥落し、一部に鉄筋が露出していた。建物全体で見れば、柱や梁の被害はほとんど無い。耐震壁に微細なひび割れが見られた程度だが、非構造壁にはせん断ひび割れが多く入り、塗膜が剥がれていた。

応急危険度判定は「要注意」（黄色）で、エントランス周辺の外壁では、躯体の伸縮目地の上にタイルが張られ、目地に沿ってタイルが剥落していた。

バルコニーに布団が干され、生活は維持できたようで、建物の被害は復旧可能なレベルと思われる。

崩壊したコーポRと道路を挟んで隣に位置し、震源と建物の向きなど諸条件にもよるが、新耐震基準の安全性が確認出来た事例と考える。

Googleマップより

写真3　左ピロティ内
非構造壁のひび割れ。

写真4
1階耐力壁と思われる壁のひび割れ。近寄らないと見えにくい程度。

写真1　南東側外観

写真2　1階のピロティ柱と梁取り合い部分で、外壁タイルが剥落し鉄筋が露出している。

写真5
躯体の伸縮目地の上にタイルが張られ、目地に沿ってタイルが剥落していた。

写真6　応急危険度判定「要注意」（黄色）
外壁（ピロティ）に部分的なひび割れがある。

秋津Tマンション
熊本県熊本市東区沼山津

大破

● 建物概要
用途：共同住宅（賃貸マンション）
構造：鉄筋コンクリート造
階数：地上9階建て
年代：1993年竣工
形態：整形形状

● 被害状況
方立壁がほぼ全階でせん断破壊
玄関扉が曲がり、開閉不能
基礎梁が一部でひびが入っており、階段室の下屋は傾いている。

● 調査日時
H28年6月22日　岡田和広

● 震源地：南西へ約3km
● 7月18日　第2次調査時には解体工事をはじめていた。

　建物は、平成5年頃に建てられた新耐震基準であり、1フロアに4部屋の36住戸で、南西にEV室の付く、片廊下式の共同住宅である。

建物の北西側。外廊側の全景

　片廊下側の柱には、構造スリットがあったことで、柱のせん断破壊が免れたことは明白であり、袖壁のコンクリートのひび割れや剥落で済んでいる。

エントランスが傾いている。

玄関扉横の方立て壁のせん断破壊

そで壁のコンクリートの剥落

　方立て壁がせん断破壊し、窓や玄関扉の枠を曲げてしまっている。この建物は、前震時に多くの部屋で玄関扉が開かなくなってしまい、1人の住人が全部屋を周り、住人の避難の手助けをしたとのこと。
　ベランダ側も同様に、柱と袖壁の間には、構造スリットが入っており、柱は健全としている。方立て壁は、せん断破壊によってサッシを曲げ、開閉不能としている。

ベランダ側の構造スリット

ベランダ側の方立て壁のせん断破壊

　写真は、1階の住戸のベランダとなっており、荷物の搬出のため、鋼柵は外されている。2階梁を見るとせん断ひび割れが生じている。

　1階の片廊下の下を覗くと、基礎梁が宙に浮いており、せん断ひび割れが無数にあり、一部コンクリートの剥落も確認できる。通常、基礎梁は宙に浮くことはないので、地震によって地面が沈下または陥没したのではないかと想像ができる。

基礎梁のせん断ひび割れ

　建物の西側に走る市道を歩くと、道路を横断する、南西から北東に向かうひび割れが確認できる。このひび割れは、側溝の蓋の鋼枠を大きく捻り曲げており、大きな地面の移動または変形があったことを物語っている。この時は道路のひび割れのズレを確認することはできなかったが、この下には活断層がある可能性が十分にある。

近隣道路の側溝蓋の鋼枠の変形

　このひび割れは、対象建物の方向に向かっており、建物が活断層の真上にあった可能性が高いことになる。建物は大破にはなったが、活断層の真上にありながら、倒壊を免れており、新耐震基準の建物であったが故の不幸中の幸いと言える。

対象建物のすぐ横に建つ、3階建てのマンション
外観からは、確認する限り、被害が見られなかった。低層マンションであったこと、活断層からほんの少しずれていたことなどの要因と思われる。

県営住宅健軍団地-1

51　熊本県熊本市東区栄町

小破

●建物概要
用途：共同住宅（県営賃貸住宅）
構造：鉄骨鉄筋コンクリート造
階数：地上9階建て
年代：2005年（平成17年）
形態：不整形

●被害状況
構造躯体：被害無し
非構造壁×型せん断亀裂

●調査日時
5月30　今井章晴

●震源から北へ約3.5km
●生活は維持
●応急危険度判定　無し
熊本県住宅課　4月26日　確認済み
外壁や宅地内通路に部分的な損傷は有るが建物の倒壊の危険性は少なく使用可能

　熊本市電の健軍駅から南に300mほど下がった団地の中に位置する。2005年竣工で、築後11年の新耐震基準の県営賃貸住宅である。平面形状は長方形平面で一部が雁行し、立面形状もセットバックがあり、やや不整形な形状である。北側に共用廊下があり、これに面してRC造の避難階段とエレベーターがバランスよく配置されている。1階は福祉施設が入り、2階以上が賃貸住宅である。

　柱や梁に被害は見られず、共用廊下に面する、玄関ドアとアルミサッシ間の非構造壁にひび割れが目立った。特に、3階から6階の中間階に大きなひび割れが見られたが、鉄筋露出したり、壁の向こうが見えるほどの被害では無かった。それでも、玄関ドアが半開きの住戸が数軒有り、開閉が困難な状態と推測する。

航空写真　Googleマップより

北東側外観

玄関ドアとアルミサッシ間の非構造壁のひび割れ

柱や梁に被害は見られず、共用廊下に面する、玄関ドアとアルミサッシ間の非構造壁にひび割れが目立った。

玄関ドアが半開きの住戸が数軒有った。非構造壁の損傷により、枠が歪み玄関扉が閉まらないと思われる。

健軍団地-2
熊本県熊本市東区栄町、若葉

無被害

●建物概要
用途：県営・市営・官舎等集合住宅団地
構造：鉄筋コンクリート造
階数：低層棟、高層棟
年代：建て替え工事中のためいろいろ
形態：中層壁式構造階段室型住棟

●被害状況
新耐震設計法で建設された住棟の帳壁・雑壁にせん断亀裂が多数みられる。：小破
高経年壁式構造住棟には被害はなし。
活断層方向：震源より西南西：3km
●調査日時
7月18日　三木 哲

● 前震時の被害は不明、
新しく建替えられた高層住棟の帳壁にせん断亀裂が多く目立つ。
● 高経年の壁式構造住棟に被害がなし。
● なぜ建替えなければならないのか、住民へ説明責任が問われる。

　熊本市東区健軍地区は、戦前、三菱重工・飛行機製作所と旧日本陸軍飛行場があった。飛行場は阿蘇山・山麓の益城町に移転し、昭和31年陸上自衛隊・西部方面隊が駐屯した。昭和28年の西日本水害により被災した住民が熊本市内中心部より移住してきた。住宅公団（UR都市再生機構）、公営住宅、公務員住宅や自衛隊官舎など大規模住宅団地が多く建設されている。健軍アーケード商店街のすぐ南に隣接して建つ建軍団地には市営・県営、官舎などが混在し一団地を形成する。3～4階建て壁式構造の住棟、既存住棟に浴室と1室を増築した住棟、高層に建替えられた住棟、これから建替えるために居住していない住棟などが混在していた。

Googleマップより

　これら、いろいろな住棟の地震被害を観察してみると、興味深いことに気が付いた。建て替えが完了した最も新しい高層住棟の共用廊下の壁には、各階・各所にせん断亀裂が発生している。一方、これから建替えようとする空家になった住棟や、高経年の増築住棟にはひび割れひとつ入っていない。

高経年住棟を、新耐震設計法の高層住棟より見る。

新築の高層住棟の各所の帳壁にせん断亀裂が見られる。

最新の新耐震設計法で建設された住棟はひび割れだらけである。新しいほど地震被害が多いのだ。

　下の写真はこの団地に建つ階段室型壁式構造3階建ての住棟に居室をもう1室増築した住棟である。

　増築前の住棟は在来工法であり、増築部分はプレキャストコンクリート板構造である。住戸の居室面積が狭いためもう一部屋増築したものと思われる。これらの建物は新築後かなり時間が経過した建築と判断され、1981年の新耐震設計法・改正以前の建物であろう。しかしながらひび割れやEXP.Joint金物の脱落などの地震による被害は一切見られなかった。

　一方、右下の写真は、この団地でこれから建替える予定の住棟である。階段室型壁式構造3階建ての住棟で地震被害は全く見られない。人が立ち入れないようにベニヤ板で開口部を封鎖している。

　地震による被害が全く見られないにもかかわらず、なぜ廊下の壁がひび割れだらけになる建物になぜ建替えなければならないのであろうか？

　多くの住宅が被災し仮設住宅を多く建設しようと国や行政は一生懸命の様だ。が、この建物は一寸修繕すれば、仮設住宅より居住性は優れている。

　下の航空写真に示すように、健軍地区には大規模団地のストックが多い。しかも人が住んでいる気配がなく、空家が多いようである。公営・公団・公社住宅や公務員宿舎、自衛隊員の官舎などで空家が目立つようだ。これは地方都市特有の課題だ。

　既存建物のリニュアル、リノベーションに知恵を絞らず、空家問題の根本には手を付けず、仮設住宅建設に向かう国と自治体の住宅政策の一端が見えたように思う。

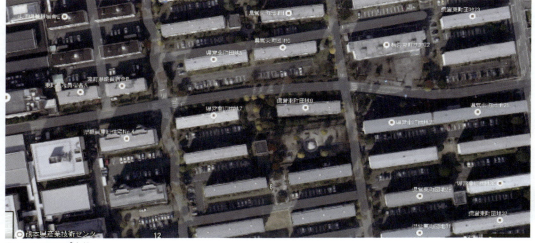

Google マップより

第一Uビル

熊本県熊本市東区尾上2丁目

大破

- ●建物概要
  - 用途：店舗併用集合住宅
  - 構造：鉄筋コンクリート造＋店舗
  - 階数：地上7階建て
  - 年代：不明
  - 形態：下階壁抜け柱
- ●被害状況
  - 前震時の被害不明　本震時に1階層崩壊
  - ・活断層方向：東方4km
  - ・応急危険度判定：事務所部門:使用再開
- ●調査日時
  - 7月84日　三木哲．他
- ●前震時の被害は不明、1階ピロティ層崩壊
  - 第2ビルは除却済、更地になっていた。
- ●EXP.Jointが機能し、鉄骨造の大型店舗に被害は及ばなかった。

陸上自衛隊健軍駐屯地の西側の道路を隔てて、第1ビル、第2ビルが建つ。7月18日の調査時には、第2ビルは解体除却され、更地になっていた。第1ビルはこれから解体工事に着手するところであった。

この建物は、鉄筋コンクリート造7階建て、1階はピロティ形状の片廊下型住棟の南側に、鉄骨造の大型店舗が建ち、2つの建物は、EXP.Jointで接続している。住棟の1階ピロティ部分が層崩壊している。EXP.Jointが有効に機能し、鉄骨造の店舗の躯体には大きな被害が及ばなかった。片廊下型住棟の西側に配置された鉄筋コンクリート造の屋外階段も1階部分が大破している。東西両端に比べて中央部の沈下が大きいのは、西側の屋外階段、及び東側のエレ

Googleマップより

ベータ・階段の破壊が中央部より少ないためと思われる。

7階建ての共同住宅の南側に鉄骨造のの大型店舗が建つ。

手前が鉄骨造の店舗。EXP.Jointの向うが1階が層崩壊した住棟

店舗の向うに住棟を見る。1階が層崩壊した住棟は中央部が沈下した。

鐵骨造の店舗の中から住棟の層崩壊した1階と2階住戸を見る。

コーポR
熊本県熊本市東区西原

大破

● 建物概要
用途：店舗併用集合住宅
構造：鉄筋コンクリート　ラーメン構造
階数：地上5階建て　賃貸住宅16戸
年代：不明（旧耐震）
形態：下階壁抜け柱

● 被害状況
前震時の被害不明　本震時に1階層崩壊
・活断層方向：震源から北西：4.5km
・2階以上のサッシュやアルミ製バルコニー手摺には被害が見受けられない。

● 調査日時
5月30日　三木 哲

● 前震時の被害は不明、本震時に駐車場に避難していた時、1階が層崩壊したが死者はゼロであった。
● コンクリートに亀甲状のひび割れアルカリ骨材反応と推測される。
● 7月18日時点で解体除却工事中

　熊本東バイパスに面する店舗兼賃貸マンション。
　鉄筋コンクリート・ラーメン構造、地上5階建て1階が店舗で、2〜5階が16戸の片廊下型共同住宅。
　前震の後で、居住者は駐車場に避難していた。
　本震の時に1階の店舗部分が層崩壊した。
　本震時に建物内に人がいなかったので、死者・負傷者はゼロであったという。本震後、建物は熊本東バイパス側に傾斜していて、道路の1車線分を通行止めにしていたが、余震により徐々に垂直に戻っていった。南側の階段室の壊れ方を観察すると、建物は南側に向かって移動し倒壊したように見える。
　駐車場側で1階店舗部分の被害状況を確認できるが、コンクリートが細かく砕けている。手で触って

Google マップより

みると粉っぽく強い岩石のような手触りではなく、砂岩のように粉っぽい。コンクリート強度が不足していた可能性がある。

5階建ての共同住宅の北側に鉄骨造の大型店舗が建つ。

震災前のコーポRの姿。Google マップより

南側全景。1階店舗が層崩壊し2階以上は残る。

層崩壊した1階店舗部分。竪樋やサッシュが散乱している。

建物の南側の1階階段室の壁の様子。
階段室の壁の壊れ方を見ると、2階床上の打継部で折れているので、建物は北側に向かって倒れているように思われる。画面左側に出入口庇の形が残る。

上の写真の左手の屋根は、6車線で交通量が多い熊本東バイパスを横断する地下式横断歩道の出入り口を示す。本震後、建物が道路側に傾斜したため、1車線分、通行止めとしていた。

上の写真は、層崩壊した1階のコンクリート躯体。小さな破片で粉々に壊れている様子がうかがえる。これはコンクリートの強度が不足している可能性がある。

左下の写真で、1階妻壁の躯体表面の様子が解る。
モルタルやタイル仕上材が剥がれ、躯体表面の状態が観察される。
この躯体面を注目すると、亀甲状の微細なひび割れが観察される。これは「アルカリ骨材反応」が躯体表面に現れたものと思われる。
このことから、コンクリートの強度が不足し、粉々に躯体が壊れてしまったのではないかと考えられる。
以上からこの建物の大破・倒壊の要因は、第1に旧旧耐震の建物で、第2に下階壁抜け柱の為で、第3にコンクリート強度不足と思われる。
7月18日、第2回目の調査時には、この建物は解体除却されていた。

Vハイツ4号棟

熊本県熊本市西区上熊本1丁目

大破

- ●建物概要
  - 用途：共同住宅（分譲マンション）
  - 構造：鉄筋コンクリート壁式構造
  - 階数：地上5階建
  - 年代：1980年（昭和55年）
  - 形態：整形（階段室型）
- ●被害状況
  - 階段室型住棟5棟の内、4号棟が傾斜した。建物廻りに噴砂や沈下が見られ、地盤が液状化したと思われる。
- ●調査日時
  - 7月18日　三木 哲・今井章晴
- ●震源より北西に約9km
- ●生活している住戸あり。
- ●建物の上部構造にはひび割れ等の被害は見られない。
- ●応急危険度判定に建物の傾斜注意、建物周囲の地盤沈下に注意と記載あり。

　JR上熊本駅より約400mほど南に、中層5階建て階段室型住棟が5棟で構成される団地がある。

　1980年竣工で壁式構造だが階段室数が3階段の4号棟だけが若干、南側（バルコニー側）に傾いた。他の住棟に地震の被害は見られない。

　傾斜した住棟は、平行配置された北側の中央部に位置する建物で、この棟には応急危険度判定に「建物の傾斜に注意、建物周囲の地盤沈下に注意」と記載があり、掲示版に「給水管破損のため3号棟の杭・基礎の調査工事中」との貼り紙があった。杭・基礎に何らかの被害が発生し、傾斜したものと思われる。尚、居住者が生活している住戸もみられた。この棟に限らず、各住棟の周りを見ると砂か噴出しているような現象が見られた。さらさらした細かい花崗岩の粒子「マサ」のようにも見える。砂の噴出と基礎杭の被

航空写真　Googleマップより

害の因果関係は更に検討する必要がある。一般に杭被害に対する復旧工法には、1m程度の長さの鋼管を溶接し、建物の自重で支持層まで打設する復旧工法がある、阪神大震災後、杭被害を受けた多くの建物で施工された。4号棟以外全棟の杭被害の詳細調査を実施し、復旧工法を詳細に検討する必要がある。

写真1　5階建て階段室型住棟が5棟ある。

写真2　4号棟だけが若干南側に傾いた。

写真3　4号棟南側外観。バルコニーに布団が干され、生活している住戸があった。

写真4　周辺地盤が液状化とともに沈下した。応急措置をしている。

写真5　応急危険度判定　危険

Xマンション熊本駅南

熊本県熊本市西区田崎

中破

- ●建物概要
  - 用途：共同住宅
  - 構造：鉄骨鉄筋コンクリート造
  　　　　一部鉄筋コンクリート造
  - 階数：地上11階・塔屋2階
  - 年代：2001年3月竣工
  - 形態：コの字型・一部クビレ配置
- ●被害状況
  - 帳壁・耐震壁に大きなせん断亀裂が発生
  - 躯体打込み電気ケーブル周りに亀裂発生
- ●調査日時
  - 7月18日　三木 哲・鯨井 勇
- 前震時の被害は不明
  応急危険度判定で「赤紙」が貼られる。
  壁に亀裂が多数、発生したが柱に被害はなく、人命は守られた。

　新耐震基準の比較的新しい建物である。1階北側にエントランス、南側がピロティ駐車場の11階建の分譲マンションである。

　構造躯体には、ほとんど損傷はみられなかったが、建物外周部南面の雑壁、東面の階段室と専有部の間の雑壁に鉄筋が露出するせん断破壊がみられた。また、設備配管埋設部・PS付近にクラックが多く見られた。

Google マップより

雑壁部の設備埋設CD管

　誘発目地部には、クラックはあまりみられなかった。

　今回のせん断破壊は、建物全体の耐震壁のバランスが悪かった点、雑壁が損壊している箇所に設備配管が埋設されていたことから、設備埋設管が雑壁を脆弱にしたと考えられる。

　今回、建物の構造躯体に影響が少なかった点から、誘発目地ではなく、耐震スリットを検討し、耐震壁を設置することで、建物の修復は可能である。

南側外観　2〜7階の雑壁せん断破壊がみられた。

建物東面　屋外階段と専有部の間、北側壁にせん断破壊

Yビル
熊本県熊本市西区出町

小破

●建物概要
用途：共同住宅（分譲マンション）
構造：鉄筋コンクリート造
階数：地上7階建て
年代：1972年5月
形態：不整形、ピロティ

●被害状況
1階ピロティのRCブレースに亀裂
鉄骨階段と建物本体の緊結部に損傷

●調査日時
5月30日　江守芙実

●備考
熊本市で2番目に古いマンション
震源から北西へ約9.5km

　熊本城から北側に約1.5km離れた尾根筋のバス通り沿いに建つ7階建ての共同住宅である。

　竣工は昭和47年5月とのことであり、旧耐震基準による設計である。設計時期は不明だが、旧々耐震基準（第一世代）の可能性が高い。

　平面は「ユ」の字に似た不整形な形状をしている。立面は全層7階建てであり、1階は道路側のエントランスホールを除き、ピロティとなっている。

　1階のピロティの概ね中央（「ユの字」のくびれあたり）には、東西及び南北の直交両方向にRC造のブレースが設置されており、これは新築時に設置されたものとのことであった。

　調査時に管理組合の方のご厚意で、被害の状況や今後について話しを伺う事ができた。

　4月14日の前震後に建物を点検した際は、さほど大きな被害が発見されなかったとのことである。4月16日未明の本震時に、ピロティのブレースにひび割れが生じ、コンクリート片、モルタル片が剥落したほか、ピロティ天井の梁の一部に微細なひび割れが生じた模様である。更に建

物の南側に突出して建てられた鉄骨階段があるが、階段が建物本体からずれて隙間ができるなどの被害が生じたそうである。その他主要構造部に目立った被害は認められなかった。

　この調査時には、すでに被災状況の詳細な調査を専門組織に依頼し、補修してマンションを継続使用する方針の元に管理組合が活動を行っている旨のお話しを伺うことができた。

　1階はピロティだが、新築時から剛性補強のブレースが適切かつバランスよく設置されており、この事が、ピロティの被害をある程度低減できた原因の一つではないかと推察される。

西側の建物外観　右奥に鉄骨階段が見える。

ピロティRCブレースに生じた損傷

ピロティのRCブレース　直交し4箇所設置されている。

共用廊下手摺壁と柱の取合部分　柱際に耐震スリットのような切れ込みがあり耐震上の配慮が感じられる。

Yハイツ
熊本県熊本市西区出町

57

小 破

●建物概要
用途：店舗併用共同住宅
構造：鉄筋コンクリート造
階数：地上7階建て
年代：1973年頃竣工
形態：L字型平面形状

●被害状況
建物の外観から外壁や主要構造部に損傷は多少見られる。サッシュ・ガラスに損傷はない。鋼製玄関扉も変形により開閉出来なくなった形跡はない。

●調査日時
7月17日　三木 哲

●近隣に建つ3棟の同シリーズの建物の中では最初に建設され比較的良好に管理されている。
●本震・震源より北西：9.4km

　熊本市西区の京町台はＪＲ熊本駅の北東側に位置し、比較的高経年のビルやマンションが町並みを形成している地域である。南北に通るバス通りに面して、1970年代に建設された3棟の分譲マンションが建つ。いずれも地上7階建て以上の店舗併用共同住宅で、Ｌ字型の平面形状で、1階はバス通りに面して店舗とエントランスホールがあり、道路と反対側はピロティ形状の駐車場となっている。2階から上は片廊下型の共同住宅となっている。3棟のマンションの内、南東側に建つＹハイツが最初に建設され、地震被害は「小破」と推察される。次いで1973年11月に竣工した、第2Yハイツはバス通りを隔てた側に建つ。この建物は1階の駐車場部分が層崩壊し被災度区分は「大破」と推察される。第2Yハイツの北側、すなわち北西側に建つ第3Yハイツは最後に建設された旧耐震の建物で、建物躯体に地震による損傷がほとんど見られず、被災度判定区分は「軽微」と推察される。なお、第3Yハイツの道路を隔てた向かい側（写真の北西側）のEXP.JでL字型配置を分けられたンションは建設年代が新しく、新耐震設計法以降の建物であり、地震被害は見られなかった。

Google マップより

北東側外観

南側外観

応急復旧工事か？ピロティの柱に支保工がそえられる。

第2Yハイツより建設年が古い本建物（Yハイツ）の方が、なぜ被害の程度が軽く、1階の層崩壊まで至らなかったのであろうか。

　2つの建物を比較すると、いずれもL字型平面であり、建物の重心と剛芯がずれているが、ずれの距離の大きさが、第2Yハイツのほうがはるかに大きく、地震動によりよって梁にせん断破壊が生じるほどのねじれが建物に起こったと考えられる。

　この建物では、居住者がマンションに戻り日常生活を再開しながら、ピロティ柱に支保工を添える応急復旧工事を行っていた。マンション居住者の居ながら復旧工事となっている。

共用廊下側の雑壁にはひび割れが発生している。これ等は復旧工事で補修されるものと思われる。共用廊下の雑壁のひび割れはあまり多くはない。

建物北東側のバス通りに面したマンションエントランス

各住戸のバルコニーには布団や洗濯物が干され、マンションの日常生活が営まれている。

エントランスホールから裏の駐車場に抜ける裏口の帳壁と共用廊下の片持ちスラブの間に空いたひび割れ。独立壁で鉄筋はスラブ先端の小梁との間には接続していないと思われる。

第2Yハイツ
熊本県熊本市西区出町

58

大破

●建物概要
用途：店舗併用共同住宅
構造：鉄筋コンクリート造
階数：地上9階建て
年代：第1世代：1974年
形態：L字型平面形状

●被害状況
前震時の被害不明　本震時に1階層崩壊
応急危険度判定：危険（赤）立入禁止
●活断層方向：震源より北西：9.4km
●調査日時
7月17日　三木 哲

●前震時の被害は不明、本震時に1階が層崩壊：死者はたまたま出なかった模様
本震時に居住者が建物内にいなかった模様。負傷者人数は不明
●熊本地震遺構：熊本地震の記憶を後世にに残すために行政で買い取り、震災遺構としたらどうか。

地上7階建ての店舗併用共同住宅で、L字型の平面形状で、1階はバス道路に面して店舗とエントランスホールがあり、道路と反対側はピロティ形状の駐車場となっている。2〜9階は片廊下型の共同住宅で、1974年に竣工した。第2Yハイツは1階の駐車場部分が層崩壊し、被災度区分は「大破」となる。第2Yハイツは構造的に硬く、剛心が建物重心から大きくずれている。それにより、南側からの地震によって梁にせん断破壊が生じるほどのねじれが建物に起こったと考えられる。

一階は店舗と階段室以外は、ピロティ駐車場となっており、L型プランの角部分を中心に柱の圧壊が起こった。（柱は、650mm×650mm）

周辺に同時期に建設されたL字型配置、1階が駐車場ピロティ形状のマンションがあったが、1階が層崩壊の被害が発生した建物は本建物のみである。これは建物の重心と剛芯が他の2つの建物より大きかったためとも考えられる。

Google マップより

実際には、次ページの写真のように、東に面するウイングが南に向けて動きながら1階部分が層崩壊し、南に面するウイングの共用廊下の床スラブや梁がねじれる状態となり、床スラブの上裏にひび割れやスラブ鉄筋が露筋している。

L字型の南に面するウイングと、東に面するウイングを、EXP.Jointで2棟の建物に分割していたら、偏心率は改善され、他の2棟のYハイツのように1階の層崩壊、大破には至らなかったと思える。

建物の西側（道路側）から、南側バルコニー面を見る。手前の道路側の1階は店舗とエレベーターシャフトの壁がある。奥の方は駐車場ピロティで壁がなく、層崩壊した。

北側・共用廊下側の被害。上の写真の左側は東に面するウイングの共用廊下、右側は南に面するウイングの共用廊下。1階、入隅コーナー部の柱は完全に圧壊し、ピロティに駐車している乗用車は動けなくなっている。手前の柱の柱頭部は帯筋が露出し、柱脚部は圧壊し、2～3階の梁はねじれて変形している。

南側ウイングの1階ピロティ写真。梁とスラブはねじれ、スラブの上裏はひび割れ、鉄筋が露筋している。
右の写真は、2階共用廊下の写真、1階と同様に梁やスラブはねじれ変形している。共用廊下の帳壁・雑壁にはせん断亀裂が入り、鋼製の各住戸の玄関扉は開閉不能な状態になっている。

左の写真は2階バルコニー側の雑壁。せん断亀裂が入っている。右の写真は波打った屋上の防水の上に配管された給水主管。給水管の損傷は見られない。地震後32カ月経過し、被害が大きい建物は次々と解体除却され、熊本地震の記憶は薄れつつある。
熊本震災を後の世に記憶させていく必要がある。この建物は震災遺構として、行政により買取保存したらいかがであろう。

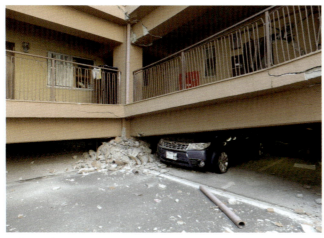
1階雨樋が折れて、単管状態で移動。(堀尾佐喜夫)

梁のせん断破壊(岡田和広)

1階部分の立管のネジ部が折れている。(堀尾佐喜夫)

梁のせん断破壊の接写(岡田和広)

1階バルコニー設置されていた空調室外機が転倒・移動。(堀尾佐喜夫)

低強度コンクリートの疑いがある。
モルタルとコンクリートが一体で剥落し、骨材の表面でセメントが肌別れし飛散した。(岡田和広)

帯筋が90度フックにより柱内からそのまま抜け出ている。柱中心部のコンクリートの圧壊。（岡田和広）

写真フレーム外の右方向の柱が圧壊し、沈下した梁・床が曲げ破壊を起こしている。その後中央の柱が圧壊している。（岡田和広）

妻面（東面）せん断ひび割れ（岡田和広）

写真フレーム外の右方向の柱が圧壊したことにより、梁・床が沈下し、壁が耐え切れず圧壊している。（岡田和広）

直接基礎の浮き上がり（岡田和広）

高置水槽は置き基礎に架台なく直接設置であるが問題となる損傷はない。マンホールは施錠があり内部は確認してないが貯水されていると想定される。（仲村元秀）

揚水管は水槽直近に変異吸収管継ぎ手がないが、問題となる損傷はない。（仲村元秀）

高置水槽への揚水、給水管　立ち上がり、立下り管は問題となる損傷はない。（仲村元秀）

給水管は水槽直近に変異吸収管継ぎ手がないが、問題となる損傷はない。（仲村元秀）

屋上の横引管は置き基礎が所々傾き、配管が湾曲しているが、問題となる損傷はない。
腐食したラギングの配管は残地管の可能性がある。（仲村元秀）

屋上の横引管は置き基礎が所々傾き、配管が湾曲している。（仲村元秀）

第3Yハイツ

熊本県熊本市西区出町

●建物概要	●被害状況	●前震時の被害は不明、
用途：店舗併用共同住宅	躯体の被害は見られなかった	1階はピロティ、下階壁抜け柱
構造：鉄筋コンクリート造	・活断層方向：震源より北西：9.4km	地震被害は見られなかった。
階数：地上8階建て		
年代：1978年頃竣工	●調査日時	
形態：L字型平面形状・下階壁抜け柱	6月14日 三木 哲	

軽微

第2Yハイツの北側に建つマンション。

旧耐震基準建物であるが、外観上は地震による被害は見られない。

Googleマップより

第3Yハイツの北側外観。大きな地震被害は見られない。この建物の南側、写真左手に大破した第2Yハイツが建つ。

西側のバス道路側の1階に店舗、道路と反対側が駐車場ピロティである。平面形状は道路側が少し幅広いがほぼ整形な建物で北側にエレベーターシャフトがある。

ピロティ部分にも殆ど地震によるひび割れなどの被害は見られない。

第3Yハイツの北側エントランスと建物外観。共用廊下とエレベーターシャフトを見る。

市営入地団地1号棟
熊本県宇土市入地町

[60]

中破

●建物概要
 用途：ピロティ型共同住宅
 構造：鉄筋コンクリート・ラーメン構造
 階数：地上5階建て。1階：ピロティ
 年代：1996年竣工
 形態：桁行方向に長う整形・長方形

●被害状況
 ピロティ柱頭にせん断亀裂。妻側耐震壁にピロティ柱頭レベルに水平ひび割れ。木質パネル間仕切り壁の集会室被害
 活断層方向：震源から南西：14km

●調査日時
 5月30日　三木 哲

●前震時の被害は不明。宇土入地ニュータウンに調整池を隔てて接する市営入地団地のセンター施設となる住棟。ピロティ建築は地震に弱いを示す典型的事例。

　宇土市営入地団地は、熊本県住宅供給公社が宅地分譲した宇土・入地ニュータウンの南東に位置し、中層4階建て住棟が15棟並ぶ集合住宅団地である。

　2LDK、住戸面積は73㎡で地震被害を受けた1号棟を除くすべての住棟は壁式構造である。

　1号棟を除く団地内施設やニュータウン内の木造戸建て住宅には地震被害は見られない。

　1号棟は阪神大震災の翌年の1998年に竣工した新耐震以降の鉄筋コンクリート造4階建ての建物である。

　桁行方向に長い長方形の平面形状で、1階はピロティで、2～4階は共同住宅である。

　1号棟は宅地分譲のニュータウンと調整池を挟んで接し、団地住棟群の出入口ゲートの様な位置にある。1階ピロティの西側の一部に木造間仕切りパネルで仕切られ

Googleマップより

た団地集会所がある。この棟の1階ピロティの南側が広場となっていて、この建物が15棟で構成される団地のコミュニティーセンターの役割を果たしている。

　1号棟は他の住棟と同じファサードの壁付ラーメン構造の住棟をピロティ柱の上に乗せたような形をしている。

市営入地団地の風景。壁式構造折半屋根の住棟が並ぶ。
南国らしい快適な集合住宅団地の景観。左手前は壁式構造住棟。写真中央、奥に見えるのが、唯一被災した1号棟。

1号棟、南（バルコニー）側の全景。ピロティの前は広場になっている。ピロティの手前が木造間仕切りパネルで囲われた集会所。団地中央のコミュニティーセンター的役割。

ピロティの柱は700mm×700mmで、柱頭にせん断亀裂が発生している。柱頭は段落とし、重ね継手となり、柱の主筋は、8-D22、せん断補強筋はD-13、@100である。鉄筋が破断した箇所も見られた。また妻側の耐震壁も柱頭部と同じ高さの位置で水平に亀裂が生じていた。

1号棟はピロティ建築が地震に弱い事を示している。

なぜこのような建築を作ってしまったのか？

第1に、建築家（意匠設計者）と構造設計者との計画・設計段階の関係にあると思える。1990年代は製図板で図面を作成する時代からCADで設計し、電子データーの送受信で設計作業が進行した時代で、設計図をもとに建物全体を議論し打合せ、共通の認識を得る感性が失われ始めていたことによるのではないか。また、発注者サイドや施工会社の建築担当者と構造担当者の間にも電子データだけで判断し建物全体を感性的に受けとめなくなっていたのではないだろうか。なぜこんな建築ができてしまったのか、原因を追究し、検証する必要があろう。

1号棟をどのように復旧するか？

5月30日の第1次調査時には居住者は避難し、被災直後の建物の姿とどめていたが、7月18日の訪問時には各柱廻りに支保工が建てられていた。

この建物の地震被害はピロティの柱頭部の高さの位置に集中している。地震のエネルギーがこの高さレベルに集中し、この部分を壊すことによって、上層階の雑壁などに被害を与えていない。

復旧に向けた耐震改修のポイントも1階ピロティーの柱頭部に集中すればよいのではないかと思えた。一旦、柱頭部でこの建物を切断し、地震エネルギーを吸収する免震層を、この位置レベルに挟んでしまったらどうだろうか？

1階柱頭免震による耐震補強改修である。

ピロティの天井を剥し、梁の被害状況を調査の上、補修補強する。また、掘削して基礎梁の被害状況を調査の上補修し、柱と両妻壁を調査の上補強し、柱頭と妻壁上部に免震層を設置する。

ル・コルビュジェが設計し世界文化遺産に登録された上野の西洋美術館は、重量感あるマスをピロティで支えた革命的建築デザインで有名である。地震国日本にピロティの革命性を保存するために、西洋美術館は地下階に免震装置を追加し改修することによって、耐震安全性を確保している。

宇土入地ニュータウンと入地団地の結節点にあって、団地のコミュニテーの中心施設としてその役割を果たすためには、柱頭免震改修により耐震性を高める改修が適切と思えるがいかがであろう？

町営住宅辻団地
熊本県上益城郡益城町宮園

軽微

●建物概要
用途：共同住宅
構造：鉄筋コンクリート造壁式構造
階数：地上4階、塔屋なし
年代：1981年～1986年頃竣工
形態：整形・壁式階段室型

●被害状況
・構造躯体に損傷は見られないが、建物基礎に人通孔が開けられ、鉄筋を切っていた。
・地盤が暴れ、地中埋設管に損傷が有り、給排水設備が仮設となっていた。

●調査日時
5月30日　7月19日　三木 剛
・震源から北北東：4.9km

被害状況

　益城町役場の北側に位置する9棟からなる町営住宅団地。公団型低層タイプの壁式構造4階建。

　建物躯体に損傷はほとんど見られなかった。また、サッシュ・玄関扉等の2次部材の歪み・傾きは見られず、現状、居住し生活を行なっている様子が見られた。

　地盤が暴れている箇所が有り、3号棟脇にある設備棟が傾いていた。

　高置水槽が各棟ごとに1つ設置されているが、スロッシング等による壊れ、破れ等は確認できなかった。但し、給水設備に関しては仮設給水管が団地敷地内に敷設されていることから、何らかの給水設備に被害が有ったと思われる。

　また、排水設備に関して、基礎立上り部分に人が

航空写真　Google マップより

一人入れる大きさの人通孔を抜き、排水設備の修繕工事を行なっていた。人通孔抜き箇所は各階段室近傍の立上り部に各1箇所抜かれている。人通孔抜き跡を確認すると、鉄筋を切った痕跡が有った。

益城Zビル
熊本県上益城郡益城町宮園

小破

●建物概要
用途：店舗・医院併用共同住宅
構造：鉄骨造
階数：地上3階建て
年代：2000年以降の竣工
形態：不整形・ピロティ下階壁抜け柱

●被害状況
・ALC外壁のタイル仕上げに破損、ALCにも亀裂、柱脚に損傷

●調査日時
5月30日、7月17日　安達和男

●震度7の揺れを受けた建物としては損傷が少ない。ピロティの柱脚も損傷は小さい。補修により十分、利用が可能な建物である。

　益城町庁舎の向かい側にあるビル。柱からS造と思える。3階建て。1階が店舗、2、3階が共同住宅、そばに歯科医院もあり、H型の相当複雑な平面形である。

　にもかかわらず、外見上は大きな被害が見られない。建設年は近年で、新耐震であろう。被害としては、外壁タイルの一部、角部に剥落が若干ある程度。外壁はALCで、バルコニー内壁には目地部に割れ等の被害が出ている。震度7を二回受けている点からは、補修により再利用可能な範囲の被害にとどまった。益城町庁舎の場所よりは地盤が平坦である点も寄与したか。

　7月17日の二次調査では、日曜日であったが、無人。使用されていない模様。一次調査時より被害が大きくみえる。余震のためか。ALC版、柱脚の損傷が目立つ。

Googleマップより

　退去して補修準備中か。益城開発ビルの東側の住宅も大きな被害を受けていることから、この一帯に相当な振動があったことがわかる。

ピロティ状の1階は損害を免れている。

一次調査時よりも損傷が目立つ。ALCの損傷が多い。

外装タイルの一部に破損あり。

柱脚部の損傷

益城町の木造住宅群
熊本県上益城郡益城町

軽微〜大破

● 建物概要
　用途：住宅
　構造：木造
　階数：平屋又は二階建て
● 被害状況
　活断層方向：震源から北西西：8.4km
● 調査日時
　7月17日　河野 進
● 前震時の被害は不明
● 家財道具を搬出中の高齢者夫妻と話

益城町は震度7の前震と本震の直撃を、28時間の時間差で受けた地域であり、震源地帯に位置し、活断層も多くみられる。4900棟あまりの住宅が全半壊し、地震直後はおよそ2000人が避難所での避難生活を余儀なくされた。車やテント、倉庫小屋などでの避難生活を送り、未だに仮設住宅住まいの住民が多く残されている地域である。

益城町役場周辺から市街地にかけて、木造住宅の被害が顕著に見られたが、被害の大きな地区と比較的軽微な地区が近接して混在していることが特徴的である。地盤の悪い傾斜地や、低地に被害が集中している。また本瓦を載せて屋根荷重が大きいものや、2階建ての木造住宅に被害が大きいことは明らかであり、震源が直下型で比較的浅いため、被害が発生したことが考えられる。他方震源ないし活断層から距離が離れると被害が軽減されたという事ではないかと思われる。

地震学者によると、木造住宅の被害が非木造に比して大きかった理由として、今回の地震の加速度を調べると周期が1〜2秒前後に集中しており、木造住宅の固有周期に近いために同調して振動が加速されたと考えられるということである。

建築学会が行った益城町中心部の木造住宅1955棟の被害調査によると、1981年以前、旧耐震基準の建物710棟の内215棟(27.9％)が倒壊。規定強化前の1981年〜2000年に建てられた862棟では75棟(8・7％)が倒壊したが、2000年の規定は満たしていなかった。2000年以降の建物323棟では7棟が倒壊したが、柱の固定が不十分なもの3棟、敷地の崩壊が原因と考えられるもの1棟、残りは局所的な地震動の影響が考えられる、という結果で、現在の耐震基準は有効であると結論付けている。

由布院駅舎ほか建築群
大分県由布市湯布院町

軽微

- ●建物概要
  - 用途：JR旅客駅
  - 構造：木造
  - 階数：平屋建て
- ●被害状況
  - 駅舎のトップサイドライトが破損し落下
- ●調査日時
  - 7月18日　河野 進
- ●前震時の被害は不明

　大分県由布市は、4月16日の熊本地震の本震では震度6弱、4月29日には大分県中部を震源とする震度5強の揺れに見舞われた。熊本から大分、更に瀬戸内海へと続く活断層が地域内を走っている。大分県全体の人的被害は重軽傷26人で、死者は発生していない。建物被害は総数1187棟、半壊3棟、一部損壊1030棟となっている。（日本建築学会調べ）

　湯布院町は大分県有数の観光地としてにぎわってきた町である。熊本地震では、由布院駅舎、由布院公民館でガラスが割れるなどの被害が発生した。また湯布院市役所のピロティ柱数か所にせん断亀裂が見られる。まちの北西側JR久大本線の北側周辺の住宅地では多くの木造住宅の瓦が落下するなどの被害が発生した。また住宅の内部の家具が倒れたりした被害のほかに、ブロック塀や擁壁、用水の側壁などが崩落する被害が起こっている。現在はかなり復旧が進んでおり、ブルーシートの掛かった家は十数軒である。湯布院町は観光地であるため、迅速に復旧工事が行われており、地震の痕跡は町の中では殆ど残されていない。宿泊施設も平常通りの営業がなされており、観光客数は一時激減したが、徐々に戻りつつある。

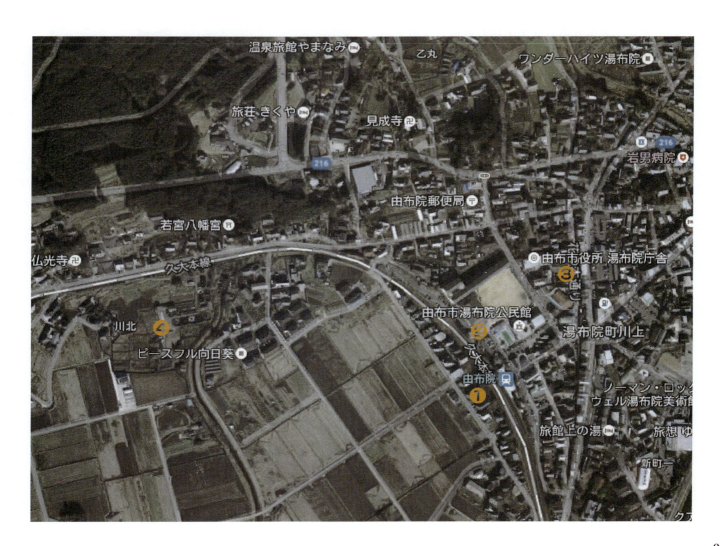

①ＪＲ湯布院駅舎

- 鉄道開業は1925年（大正14年）
- 設計は大分県出身の磯崎新。
- 黒塗りの外観。中央ホールは12ｍの吹き抜けで、ホールの屋根と壁の間4面にトップサイドライトが入っている。
- 2016年4月29日、熊本地震の余震とみられる震度5強の揺れに見舞われ、中央ホールのトップサイドライトが壊れて落下した。既に復旧済み。

②由布市湯布院公民館

- 1971年竣工・ＲＣ造地上2階建、地下1階。外装はコンクリート打ち放し
- 延床面積：2274.52㎡
- 被害は、アルミサッシュのＦＩＸガラスが破損し、ガムテープで仮止めされている。
- 建物には所々に地震による亀裂が見られるが、目立った損傷は見られない。

③由布市役所湯布院庁舎

- ＲＣ2階建ての建物
- エントランス部分のピロティ柱に地震によるとみられる。3㎜を超えるせん断亀裂が見られる。
- 現在は、通常通りの業務が行われている。

④北西部の木造住宅群

- 湯布院町北西部田園地帯の久大本線周辺から山側に広がる川北地区、荒木地区の木造住宅群で、相当数の住宅の屋根瓦が落下するなどの被害を受けた。斜面地の敷地境界のブロック塀や石垣も数か所で崩壊した。現在は殆どの屋根は復旧されており、ブルーシートが掛けられている住宅は十数棟となっている。

阿蘇・河陽の斜面崩壊と断層
熊本県南阿蘇郡阿蘇村

斜面崩壊と
地表面地震断層

●周辺概要
　京大火山研究所の南側付近斜面
　緩斜面で大規模な表層崩壊が発生した
　周辺及び別荘分譲地付近の道路
　表層に火山灰の堆積が厚い斜面

●被害状況
　旧道の地表面地震断層
　旧道の路肩・川の護岸崩壊
　谷部の斜面崩壊
●調査日時
　7月20日　近藤一郎

●断層
　布田川断層帯の北東端付近

①別荘地の地表面地震断層と斜面崩壊

　京大火山研究所下の緩斜面に、広範囲に表層の火山灰地の斜面崩壊が発生した。その周辺の別荘地である。この先で斜面崩壊による土砂流が道路に流れ込んでおり、H型鋼と丸太で応急の土砂留めが設置されていた。別荘地内に何本もの地表面地震断層が現れており、建物に被害が出ている。

写真1　河陽付近航空写真　Google map より

写真2　別荘地沿いの道路の通行止の状況

　旧道には大きな地表面地震断層のひび割れが発生しており、川沿いの護岸は崩落している。

　石造アーチ構造の濁川橋（1918年頃架橋）が架かり、活断層はそのたもと付近を通りながら橋の被災はごく軽微である。橋のアーチ根元の石積みが若干ずれ、RCの欄干の一部が破損しているが、橋自体の被害は不思議なほど少ないのが印象的であった。

写真4　濁川橋の被害は軽微

写真3　川沿いの旧道の地表面地震断層

写真5　濁川橋欄干の破損と上流の斜面崩壊

　護岸の崩壊と共に、電柱が転倒している。
　橋の上流側では広範囲に右岸斜面が崩壊しており、

杉の木が転倒している。火山灰質の表層の下には岩石層が見える。

写真6　濁川橋の下流側。道路の向う側が別荘地である。

②別荘地内の地表面断層

　この別荘地内や周辺には、何本もの地表面断層が見られた。断層上に建つ2軒の住宅は大きく傾き、手前の草地には数本の地表面断層が見られた。

　道路を横断して、別荘地内へ至る地表面地震断層が認められた、約30cmの段差が発生していた。

写真7　活断層上に建つ住宅は傾いている。

写真8　活断層は道路から別荘地内に至る。

写真9　活断層の段差は約30cm

写真10　活断層は建物テラス直前を横切る、断層の開きは約40cm。テラスの破損は大きいが建物の被害は軽微。

写真11　別荘地の道路の反対側は大きな段差を生じている。

　車道は応急復旧されているが歩道は未補修である。地表面地震断層は道路を横切り、分譲地反対側の斜面を分断している。その奥の草地の中には数本の地表面断層が見られた。

　活断層直上や至近では被害が甚大である事が明白に見受けられた。

益城町・三竹

熊本県上益城郡益城町三竹、寺中

地表面地震断層

- ●周辺概要
  布田川断層帯による地表面地震断層
  益城町の木山川沿いの農地と集落
  山が迫った地形である。
  潮井神社の前面はひらけた地形
- ●被害状況
  農地や道路の地表面地震断層
  道路や家屋の被災
  農地に現れた表面地震断層
- ●調査日時
  5月31日　近藤一郎
- ●活断層
  都市圏活断層図と実際の地表面地震断層との比較。
  地震は、右横ズレ成分であるが、正断層成分もある

　布田川断層帯に沿って、多数の地表面地震断層が現われており、益城町三竹及び寺中周辺で、それらを観察できた。地表面地震断層は、地下にある震源断層が地表面に現れた断層である。

写真1　道路を横断する地震時の亀裂

①三竹付近の地表面地震断層

　地表面地震断層は道路を横断して右側の擁壁下部沿いに現れている。給水管が仮設で復旧配管されている。ひび割れと同時に小規模の隆起や沈降が見られるが、建物の被害は断層の上部や至近に見られる。

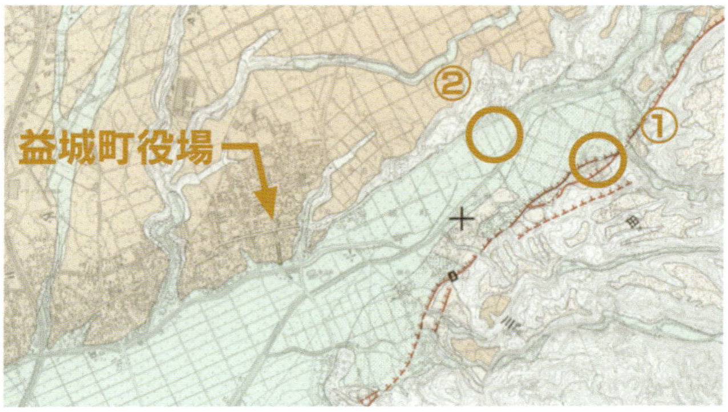

写真2　畑を横切る断層の亀裂、モールトラック

図1　国土地理院、都市圏活断層図、熊本より

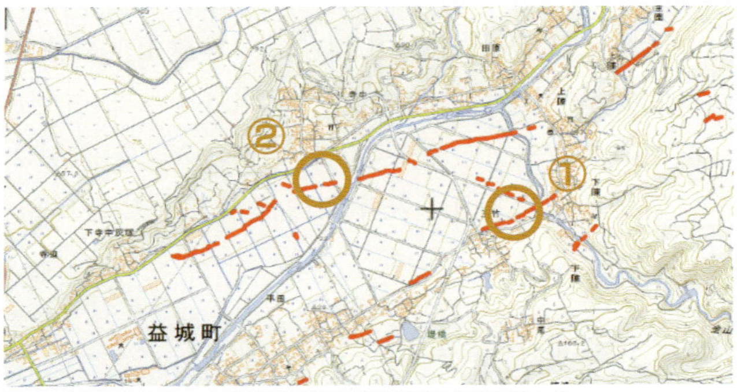

図2　国土地理院、布田川断層帯の地表の亀裂分布図より

　畑の中にモグラの通り道のように土が所々に盛り上がるのは、専門用語で「モールトラック（mole track、もぐらの通り道）」。断層に水平ずれ成分がある場合にしばしば起きる。畦はこの部分は水平に60cmずれ、右ずれ成分である。

写真3　寺中付近、畑を横切る断層の亀裂

②寺中付近の地表面地震断層

　都市圏活断層図に記載されていない箇所で地表面地震断層が現れた。地下の断層に関してはまだまだ未知の部分が多いようである。

益城町・杉堂
熊本県上益城郡益城町杉堂

地表面地震断層・地盤変状

- ●周辺概要
  布田川断層帯による地表面地震断層
  益城町の木山川上流の集落
  山が迫った地形である。
  潮井神社の前面はひらけた地形
- ●被害状況
  建物敷地や道路の地表面地震断層
  道路や擁壁、家屋の崩壊
  谷部の斜面崩壊
- ●調査日時
  7月20日　近藤一郎
- ●活断層
  都市圏活断層図では、集落の南東の斜面に活断層が記載されている。
  地震は、右横ズレ成分であるが、正断層成分もある。

　布田川断層帯に沿って、多数の地表面地震断層が現われ、その延長距離は28kmに渡った。この断層による右ずれ変位量は、益城町堂園では2.2mに達する。杉堂周辺の変位量は2m前後と推測されているが、現地を見た状況からは詳細は不明である。また、活断層の北側が沈下している結果が測定されている。地盤変状により、建物被害だけではなく道路や擁壁にも大きな被害が出ている。

　杉堂集落の入口から、道路のひび割れ及び道路路肩の崩壊が見られる。木山川左岸の擁壁上部の住宅廻りに被害が大きく、地盤変状が著しい。

　杉堂集落は木山川の主に左岸にあるが、活断層はその南側斜面にあり、左岸側の被害が甚大である。

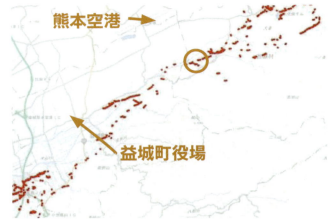

図1　国土地理院、布田川断層帯の地表の亀裂分布図より

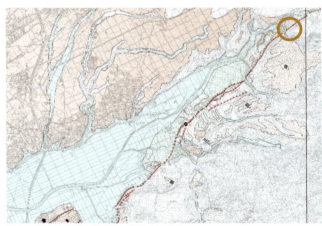

図2　国土地理院、都市圏活断層図、熊本より

地盤そのものが波打っており、基礎の浅い木造建物は崩壊しているものが多く見られた。

写真1　杉堂集落の入口付近の擁壁の崩壊

写真2　杉堂集落の道路の崩壊

写真3　崖沿いの道路の崩壊、その上部の石積擁壁と家屋の崩壊

写真4 木山川沿いの崖面の崩壊

写真6 潮井神社前にそびえていた巨木は転倒している。

写真5 断層帯付近の斜面崩壊、上部にある道路は崩壊し、通行不能

写真7 シートで覆われた地表面地震断層

　杉堂の集落をはずれた木山川上流に、潮井神社がある。途中の斜面は崩壊している箇所が多く見られ、斜面上にあった潮井神社への道路は寸断されて通行不能であった。潮井神社のそばに、「潮井水源」があり、コンクリート造の貯水槽は健在であるが、豊富な湧水が流れ込む池の一部は崩壊している。この水源は地域の飲料水や生活用水として利用されており、そばには山女を食べさせる店があり、地域の憩いの場であったようだ。

　水源の上にある潮井神社は、拝殿、本殿共に少破している。地盤が大きく沈下しており、神社背面の斜面は赤土がむき出しになっている。拝殿の土間は浮き上がって、本殿は拝殿に覆い被さっているが、活断層至近にもかかわらず軽微な被害である。拝殿前の巨木は根元から転倒しており、水源の池から上る石段は崩壊して散乱している。拝殿横にブルーシートで覆われている箇所は地表面地震断層を保存する場所と思われる。

　益城町教育委員会は、この布田川断層帯の一部を町文化財に指定した。地震の記憶を風化させず、防災教育にも活用するためとの事である。その1ヶ所が潮井神社境内に現れた長さ約4mのこの断層である。（朝日新聞2016.6.30による）

写真8 本殿は滑り落ちて、拝殿にめり込んでいる。

写真9 周辺には数箇所に渡り、地震時の亀裂が見られる。

2. 考察として

2-① 被害を受けなかった建物

- 熊本地震では新旧耐震基準を合わせて、非木造建物の被害は少なかった。
- 熊本市内の建物の非構造部材も被害は少ない。
- 木造建物の被害も一部の地域に集中している。
- 建物や地域の差が被害の有無に大きく影響した。その差は何か？

1. 非木造建物の被害は少なかった

熊本地震では震度7の地震が二回発生した。その後も余震の発生は納まらず、半年で2000回におよんでいる。しかし、そのような大地震としては、建物の被害は少ない。震度7を受けた益城町庁舎は耐震補強済の旧耐震建物だったが、主要構造部の被害は軽微である。大破した宇土市庁舎の周囲では、他の非木造建物に全く被害が出ていない。宇土市営入地団地では、ピロティ柱が損傷した1号棟以外の14棟にはほとんど被害はない。報道では、益城町の木造住宅や熊本城の石垣などの被害が大きく取り上げられたが、総じて被害は限定的だった。2011年、東日本大震災の津波により地域全体が壊滅した状況とは全く異なる、偏在的かつ集中的な被害発生だった。

一方で、新旧の耐震基準に関わらず、ピロティ柱や雑壁の損傷が見られたことは見逃せない。

2. 非構造部材の被害も少ない

熊本空港の天井材落下や、由布院駅のトップライトの破損が報じられた。しかし、熊本市内の大通り沿いの建物のガラスや金属カーテンウォールは、ほとんど被害を受けていない。タイル張り外装にはクラックが出ているが、補修可能な範囲である。内部の壁や柱にきれつを生じた建物も、軽微か小破止まりである。総じて非構造部材の被害も限定的であった。しかし、一部のマンションの非構造壁（雑壁）には大きな損傷があり、居住不可能になっている。ここには構造と建築の耐震設計方針に関して議論すべき問題がある。

3. 木造住宅の被害は一部地域に集中

木造住宅の被害が集中したのは益城町である。地域一帯の住宅が新旧を問わず、多くが倒壊した。原因は地域の地盤にある。火山灰の堆積した傾斜面である。活断層に近く、大きな揺れに見舞われ、地盤が流動、崩壊し、建物の倒壊、大破に至った。一方、宇土市営入地団地の周囲の新しい木造住宅にはほとんど被害が無かった。木造建物の新耐震基準の見直しを検討した委員会の調査では、益城町中心部の現耐震基準323棟の内、倒壊したのは7棟（2.2％）と報告している。今回の木造建物被害は限定的で、主に地盤崩壊や施工に起因したと思われる。

益城町で全く被害の無い新しい建物

宇土市庁舎の周囲の建物はすべて無被害

4. 被害の差は何か

我々は二回の現地調査で、被害建物の調査を60棟以上行った。同じ建物を繰り返し調査した。さらに多くの被害の無い建物を見た。その差はなぜ生じたのか？それが本報告書の主題である。我々が着目した項目を次にあげる。
- 地形と地盤の影響
- 建築された年代での影響
- 低かった地域係数の影響
- 建物の整形性
- ピロティの安全性
- 増築された建物
- 木造賃貸住宅
- 連発型の地震
- 構造的な問題
- 設備的な問題
- 雑壁の役割
- 市町村庁舎の耐震性
- 医療機関の問題

これらの項目について、次頁以降に論じていきたい。

5. 基準の見直しではなく、意識の見直しを

日本の耐震基準は大地震の被害からの貴重な教訓を得て、今日に至った。しかし、今回の熊本地震からは、現耐震基準の有効性が総じて確認されたといえる。では、実際の被害建物から何を計画や設計にフィードバックすべきか。

それは、ただ基準に従うのではなく、建物ごとに敷地や地盤を考慮し、形状の整形性や、バランスを考えた計画をおこなうことである。新耐震基準を満たした建物が、そのまま安全、安心な建物とは言えないことを、熊本地震は示している。さらに、耐震設計は、構造技術者のみが行うのではなく、建築、設備技術者と三者が議論の中でおこなうものだという認識を共有することである。熊本では、計画優先で構造に無理がある建物や、建物は健全だが給排水管が破断した建物を見た。いずれも残念な設計チームワークでの被害である。

耐震基準の見直しは、多くの旧耐震基準建物と既存不適格建物を生じさす。現在の耐震診断、耐震補強を進めていく苦労は、これに由来する。基準を替えずに、補完が必要なところや確実な施工や設計を補助できるように運用を進めていく方が、有効であろう。

さらに耐震基準が目指している目標を市民に明確に伝えていくことも重要である。基準の目標はまれに起こる地震での倒壊の防止である。生命を守る最低線が基準であり、それも一回の地震に対してである。生活や事業の継続可能は基準の目標ではない。そうした事実を市民に伝えることから、個々の建物の耐震性の目標をどこに置くのか、市民が選択することが可能になる。市民が望んでいることは「くらし続けることのできる街や建築」である。基準の本当の意味を市民に伝える設計者や専門家の責任は大きい。

（安達　和男）

宇土市営入地団地の2号棟、壁構造で無被害

Vハイツでは一棟だけが傾いたが他は無被害

2-② 熊本の地形と地質

●地震予測は現在では無理とされている。しかし、地震のメカニズムや地震の起きる場所の地形や地質を知る事で対応できる事はある。直下型地震の活断層を避けるように都市基盤や生活基盤をメタモルフォーゼさせる発想はないだろうか。

1. 熊本の地形と地質

　熊本と言えば、肥後「火の国」である。その阿蘇山は世界最大級のカルデラ火山であり、過去4回に渡る大噴火によって出来た今の雄大な姿がある。9万年前の4回目の大噴火が最大規模であり、その噴火による影響は九州の北半分全域に渡るだけでなく、火砕流は海を渡って山口県に至り、降灰は北海道にまで及んでいる。

物や溶岩流により形成されているが、阿蘇4火砕流には軽石が多く含まれ、ポーラスで透水性に富んだ地層であるが、建物の地盤としての地耐力はN値が低く出る傾向がある。

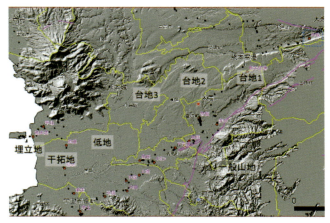

熊本平野の地形の概略図と活断層（産業技術総合研究所）

阿蘇のAso-4噴火による火砕流分布
（日本の活火山、地質調査総合センターによる）

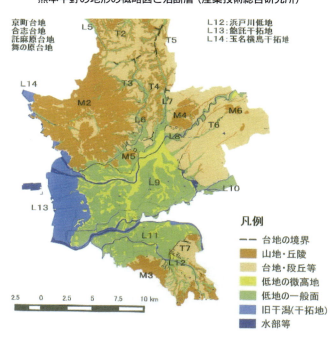

熊本平野は低地（沖積地）が広範囲にあり、その中に微高地がある。低地を河川が蛇行した結果である。熊本の地形地域区分図（土地条件調査解説書（国土地理院）から）

　当時の北九州の地形は谷が深く刻まれて起伏に富んでいたが、火砕流はその山や谷を埋めつくして、平坦で広大な台地とした。その後、火山灰や軽石が多い台地を河川が浸食して、現在の地形が出来ている。阿蘇山から熊本方面は、阿蘇西麓台地と言われ、分布高度により、山地、台地1、台地2、台地3、低地、干拓地、埋立地に大きく区分できて、分かり易い。熊本空港は溶岩台地や火砕流台地である台地1にあり、台地2は中・高位段丘、台地3は低位段丘に対応する。沖積層の低地には自然堤防や旧河川道があり、河川沿いや自然堤防周辺には低湿地が残っている。各段丘は阿蘇山の火砕流堆積

　阿蘇山の斜面では土砂崩壊が多く発生しているが、山体に厚く積った火山堆積物が大規模崩壊を招いている。火山灰層の表層は植物の腐食類が集積した黒土層で、

黒ボクと呼ばれる土壌である。その下には粘性の強い褐色土があり赤ボクと呼ばれている。土質の性状が異なる2層の下には軽石層があると言われるが、崩壊箇所を見ると、黒ボクと赤ボクが互層に表層をなしているケースがあり、単純な地層ではないようである。この2層の土質形状が異なる事から、地震時などには表層の崩壊に至るのであろう。この表層には強度的に弱い軽石やスコリアが多く含まれている。

阿蘇山の年間平均降水量は約3,400mm（熊本の約1.5倍である）、雨が非常に多い地域である。この雨水は阿蘇の裾野で浸透して地下の伏流水となる。浸透量が多い事から、この地域の河川は比較的未発達である。熊本市域には白川と緑川の2本の水系があるが、広大な阿蘇の裾野を考えると河川規模としては大きくはない。この2本の川は火山灰質の台地を大きく開削すると共に活発な沖積作用によって熊本平野を形成した結果、広大な沖積平野が出来ている。河川沿いに低地が発達しており、内陸の益城町付近にまで沖積層低地が広がるのがこの地域の特徴である。段丘端部には湧水が見られ、自噴するものも多い。嘉島町・浮島の井寺湧水群や江津湖、水前寺などである。地下水位が浅いことから、地盤が悪く、今回の地震でも被害が比較的集中しているようである。同様に、阿蘇町の阿蘇神社周辺地域は河川がなく、雨水全てが伏流水となって、阿蘇神社付近で地表に出て来ることから地盤が悪く、阿蘇神社に大きな被害が発生している。

また、白川中流域などの水田はザル田と言われるほど水の浸透性がよく、水田は地下水を涵養する水循環の一環をなしており、表面水と地下水は表裏一体の関係である。こうした熊本地域は県内の地下水分布としては最大規模であるが、この地域の主要帯水層は、4回に渡った阿蘇火災流の堆積物による厚い堆積層である。さらに、益城町砥川から熊本平野東部の地下に分布する砥川溶岩層は、多孔質で割れ目の多い岩石であり、大量の地下水を含んでおり、熊本市の水道水源はこの砥川溶岩から取水している。帯水層は浅層と深層の2つがあるが、深層から取水しており、地震の影響をほとんど受けていない。この帯水層の下には、海成のシルト砂層（水前寺層）が260〜300mの深さにある事が明らかになっており、基盤岩類はさらにその下部にある。このように、熊本平野の沖積層は非常に深く、東京の下町地域と共通するような地盤である。海岸や河川の河口付近の沖積平野に発達してきた日本各地の都市は同じ地盤構造であり、同様の地震被害は各都市で起こりえると考えるべきである。

沖積低地の水位の高い地域では、「液状化現象」が発生する。今回の地震に於いても、海岸や後背低地、低い自然堤防などの地形に見られるが、具体的には、緑川流域の熊本市南区、更には嘉島町や益城町などの内陸に至るまでの各地で報告されている。噴出した砂の多くは灰色の砂質土で、火山灰質砂の粒子が細かい性状である。この火山灰質砂は地震による地滑りや土砂崩れによっても河川に流れ込んでおり、白川河口では大量のアサリが窒息死の危機にあるように、地震被害は漁業にも及んでいる。

このように、地理的や地質的、水循環的な特徴が際立つ地域である。地震被害の地域的なばらつきを見ると、建物の耐震性以外にこうした要素が影響しているのと考えられる。

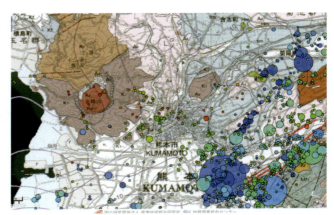

地震震源と地層、白部分は沖積地、三方を台地に囲まれた沖積平野端部で地震が発生した。（産業技術総合研究所）

2. 別府―島原地溝帯

熊本平野には別府湾から島原半島に至る「別府―島原地溝帯」と呼ばれる地溝性の陥没地帯がある。火山活動によって陥没し、そこに火山の堆積物が厚く堆積している地帯である。ここには多くの活断層が存在しており、その断層活動によって地溝内の地形が造られるなど密接に関係している。日奈久断層帯、布田川断層帯、別府・万年山断層帯である。以前は布田川・日奈久断層帯と一つに考えられてきたが、断層帯を構成する断層やそれらの位置・形状・走行や活動履歴からこの断層帯を日奈久断層帯、布田川断層帯とに二分して評価されている。この2つの断層帯は益城町付近で接している。今回の一連の地震は、地震の発生領域が広範囲に及んでいる事が特徴であり、この3つの断層帯が活発に活動した結果である。断層帯とは断層のグループであり、一緒に活動して地震を

起す可能性が高い複数の活断層である、と言われていた事が現実となった。

この「別府―島原地溝帯」には、別府側から、別府鶴見岳、由布岳、九重火山群、阿蘇カルデラ、金峰山、雲仙普賢岳と、多くの火山が存在している。1991年の雲仙普賢岳噴火による大災害は今も記憶に新しいように、火山活動も活発な地域である。「火山地帯の活断層は、さほど活動的ではない」というのが火山の専門家の常識らしいがその通りではなかった。

「別府―島原地溝帯」の南側付近には、中央構造線が四国から続き、位置は未確定とされてきたが、地質的な意味での中央構造線と活断層としての中央構造線断層帯はないとの知見が現在では示されている。中央構造線の北側と南側では地質構造が異なる「中央構造線と目された位置を挟んで周防変成岩類相当層が南北に分布しており、九州では西南日本内帯/外帯の区別はない」（産業技術総合研究所、地質調査総合センター）。南北に同じ地層が連続している等からの判断である。 とは言え、「別府―島原地溝帯」を境として北側と南側の地質構造は異なっている上に、フィリピン海プレートの沈み込みにより、地殻の活動が活発な地域である。今回の地震はこの地溝帯の中で起きている。

3. 布田川断層帯と日奈久断層帯

「熊本地震の本震は布田川断層帯の布田川区間を含む約27km、前震は日奈久断層帯の高野～白旗区間の活動によるものであり、一連の地震活動は2つの断層帯が連動するようにして発生したと考えられる。」と発表されている。

4月14日の前震は、日奈久断層帯でM6.5の規模で発生し、その周囲地盤に影響を及ぼし、歪みが溜まっていた布田川断層帯を刺激して、本震である16日のM7.3の地震を引き起こしたので大きなエネルギーと化したと思われる。いずれも右横ずれ断層であり、震源深さはそれぞれ約11km、約12kmである。この2つの断層帯はその後も前例が無いほど多くの余震を発生させたが、4月14日から19日までの6日間に、M4.8～5.9の余震を11回数えた。かつ、布田川断層帯は東に行くほど、断層帯北側の沈降が著しく、その地盤変状による被害は益城町などを中心に発生している。益城町堂園付近での横ずれ変位量は、最大2.2mに達しているが、横ずれ変位のために地震被害が大きくなったのかは不明である。検討してもいいと思われる。

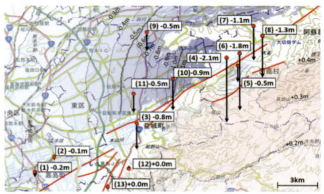

GNSS観測結果（背景は地理院地図に干渉SARで得られた上下変動を重ねたもの）。（国土地理院）

【熊本地震のマグニチュードと震度】

前震　M6.5	益城町（震度7）
	熊本市（震度6弱）
地震計での加速度 （南北or東西）	益城町：925cm/s2
	熊本市：574cm/s2
本震　M7.3	益城町（震度7）
	熊本市（震度6強）
地震計での加速度 （南北or東西）	益城町：1156cm/s2
	熊本市：827cm/s2

・Mが0.8大きいと、放出されるエネルギー量は約16倍大きくなる。

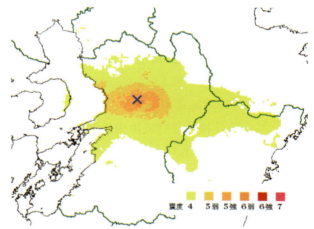

4月14日前震の震度分布。（気象庁HPから）震度6弱の範囲は限られる。また、震度の広がりは東西であり、その方向性は本震とは異なる。

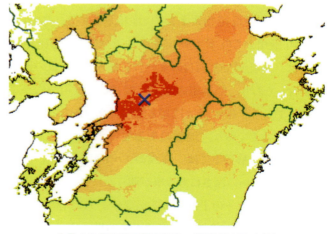

4月16日本震の震度分布。（気象庁HPから）
震度6強の範囲は断層帯に沿って細長く延びると共に、震度6弱の範囲は沖積平野に広範囲に広がった事が分かる。また、別府―雲仙地溝帯に沿って震度5強の範囲が分布する。

九州の活断層とそのずれの向き
(H25.2.1 地震調査研究推進本部 地震調査委員会から)

立田山断層
(熊本大、教育、渡辺一徳、熊本地学会誌 85:6-13 による)

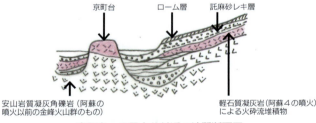

京町台、八景水谷付近の地質断面図
阿蘇の火砕流である軽石質凝灰岩は河川で浸食された)
(今西茂 1965、熊本県地質巡検ガイドブック、熊本県高等学校地学教育研究会、昭和 45 年 8 月 1 日)

茶臼山（右側）と京町台（左側）間の地形のくびれ

4. 熊本城と立田山断層

　今回の地震では、熊本城北側付近を斜めに走る立田山断層は動いていない。この断層は、日奈久断層帯、布田川断層帯のようなB級活断層ではないが、熊本市の地震ハザードマップには記載されている。この断層は、1889年（明治22）7月28日の熊本地震（推定M 6.3）を引き起こした活断層である可能性が高い。（「活断層としての立田山断層」渡辺一徳）この地震により熊本城は大きな被害を受けており、石垣の崩壊は29箇所に及んでいる。ちなみに、熊本城城壁の石は、金峰山付近で採掘された石材を使用している。

　熊本城の被害は今回が最初ではなく、3回目と思われる。しかも、熊本地域は地震が少ないイメージがあるが、決してそうではない。過去500年の間にM7クラスの地震がなかっただけであり、九州北部や南部と較べると断層の活動は活発であり、地震は多いと考えるべきである。

　熊本城は、京町台地先端にある茶臼山に立地している。京町台地は阿蘇の火砕流堆積物による台地で、南北に細長い形状である。台地東側には坪井川、西側には井芹川がほぼ平行に流れており、軽石質凝灰岩の柔らかい台地をこの2本の川が浸食した結果、細長く残った。調査隊の泊まった菊南温泉はこの台地北方にある。熊本城のある茶臼山と京町台地の間には約10mの高低差がある台地のくびれがあり、これは断層のずれによりできた地形と考えられている。過去に立田山断層が動き、断層周囲の岩石が壊れて断層破砕帯が出来た場合、今回のように南側からの地震波がくると、背面の押えがないために茶臼山が揺れ、熊本城の石垣に大きな被害を与えたとは考えられないだろうか。

　熊本城築城時には、白川は茶臼山に接して流れていた（富田紘一氏 研究成果、1996）。白川は現在は城から離れた南側を流れるが、かつては、世継橋から大きく蛇行して、市役所付近で坪井川と合流して須戸口門前を流れていた。加藤清正が17世紀初頭に白川を直線化し現在の流路に付け替えている。城を守る軍事的な意味と船運のためであったが、さらに重要なのは、坪井川と白川の氾濫による水害から城下町を守るためであった。城下は沖積地の低地であり、治水後もたびたび水害は起こっている。旧河川道跡が残る沖積層の軟弱な地盤では、地震波の速度は遅くなるが揺れは逆に増幅する。しかし、

軟弱な地盤では、地盤を構成する粒子の結びつきが弱いことから、地震波のエネルギーを吸収して揺れを減衰させる事は考えられないだろうか。軟弱地盤の状態は一様ではないと思われる。

5. 益城町付近

今回特に被害が大きかった地域である。地震の震源から約3kmと近い事や布田川断層の直上もしくは至近にあることから地震の直撃を受けたとも言えるがそれ以外の要素はないだろうか。益城町市街地は阿蘇火砕流台地の南側端部に位置し、その南には木山川低地が広がる水田地帯となる。ここは熊本平野につながる深い沖積地であり、木山川に沿った山際付近には布田川断層帯があると想定される地域である。東西に細長い軟弱地盤である木山川低地の南側には御船山地の堅い地層帯がある。その地層にぶつかった地震波が反射して、益城の市街地側に地震波が押し返したと考えられないだろうか。益城町宮園の地盤変状の大きさや地盤の沈下量からは複雑な地盤による動きが感じられる。

低地の軟弱な地盤に建つ、益城町総合体育館は新耐震建物であることから構造的な被害は見られないが、周囲のアスファルト舗装面の波状のうねり、地盤沈下量の大きさ、杭がない電気室棟の傾斜などからは、広範囲に地盤の液状化が発生していることが分かる。液状化現象は、台地に沿って流れる木山川の両岸に沿って発生していることから見ても、台地端部での建物被害は大きいと思われる。

6. 過去は未来を知る鍵

プレートテクトニクスにより、海洋プレートは大陸プレートの下にゆっくりと潜り込むことにより、日本列島は圧縮され、かつ隆起して歪みが溜まると、「活断層」と言われるひび割れを多く生じてくる。日本列島付近には、4枚のプレートがあり、大陸プレートは、常に海洋プレートによるストレスを受けている。九州ではフィリピン海プレートが年間約6cmの一定したスピードで陸側プレートの下に沈み込み、陸側のプレートは常に変形を受けている。その変形圧縮に耐えていた活断層が限界に達すると、動いて地震が発生する。こうした活断層から発生する内陸型地震はM7クラス規模までとされているが、1891（明治24）年に発生した濃尾地震のように、M8.0の例がある。とは言え、プレート境界の地震より小さいが、震源がごく浅い所にあることから、震源の規模は小さくとも直上や周辺には大きな被害となる。また、プレート型地震と比較して地震の発生間隔が長く、1000〜数千年を超えることから、再来時期を予測するのは難しいとされている。

9月になって、韓国・慶州地震のニュースが入ってきた。前震は9月12日19：44、M5.1、本震は同日20：32、M5.8、慶州での震度は6弱である。梁山活断層帯による直下型地震とされている。熊本地震と較べると地震の規模は小さいが、前震と本震があること、その後の余震回数が多いことなどに共通点がある。慶州では、新羅時代の779年に大地震が起きている。その後何回か地震が起きた記録があるが、韓国は地震が少ないとされ、耐震設計基準も日本より緩やかと聞いている。しかし、フィリピン海プレートの沈み込みの影響は、ユーラシア大陸の内陸側にある韓半島にこれだけの歪みを蓄積させているとは思わなかった。確かに活断層は何本も存在する。日本のように地震に対する備えがない韓国では、地震被害以上に大きな混乱や不安が起きたようである。それを聞くと、地震が起きるメカニズムへの理解や備え、様々な対策が講じられる事は重要と痛感した。

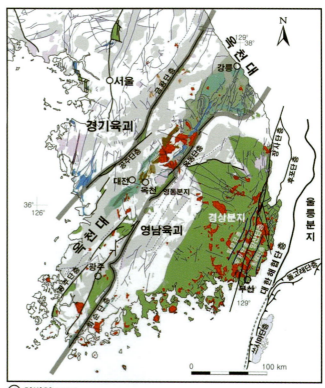

韓国の活断層図、南北にほぼ平行に活断層が存在している。今回の地震は南東部の梁山活断層帯が震源である。韓国、崔範泳氏提供

活断層は、一度動くと前回と同じ場所がまた動く。すなわち、一度動いたなら、過去に何回も動いたと考えられている。断層部の岩盤が破砕されて、地盤の弱点として残るためである。従って、活断層は地震の重要な記録簿である。国内の2000を超える活断層を避けて、我々は住むべきであろう。また、活断層地震の再発生間隔は1000年以上とされているので、一度動いた活断層付近ではその半分の500年程度は住んでも差し支えないであろう。かつて、天皇が変わるとか、大地変があると、新しい都が造られた様に、都市施設や住居地域を直下型地震からの予防処置としてメタモルフォーゼしながら移動させていいのでは。我々はホモ・モーベンスである。もっとフレキシブルに考えてみたい。ただ、活断層の位置は全て明らかにされている訳ではないのが難しい所である。

　活断層による地震と共に確実に再来するのは、海溝型地震である。フィリピン海プレートの沈み込みによる、駿河・南海トラフの地震の周期は、江戸時代以降の記録から、90〜150年おきと言われており、周期は比較的短い。他の海溝型地震も同じである。これらも、その時期を想定して、危険と目される所は都市機能を避難させたい。地震ばかりではない、台風のような自然災害は同様にくり返すことを忘れてはならない。地球科学的に言う「過去は未来を知る鍵」の言葉は重要である。未来に備えるためには、過去の自然の歴史に学ぶべきである。かつての農業が主であった社会では、自然を見ながら生活しており、自然の恵みと共に自然災害も共にあった。しかし、その農業社会においても自然災害は増加している。17世紀に日本列島の耕地面積はそれまでの1.5倍に増加するが、これは主に大河川下流域の新田開発によった。18世紀に入る頃から、こうした地域での洪水被害が増えてきている。農地の開発に伴って、それまで自然との調整機能を果たしていた地域がそれを担えなくなったのである。

　近現代の都市化は、本来住むに不適当な地域に住宅が建ち、都市の成立に危うい所に人口や都市施設が集中してきている。技術や科学の近代化、更には情報化社会がそれを後押して、自然を軽んじてしまい、もとの地形や地名すらもすっかり変わってしまっている現実がある。特に巨大化した東京では、その結果としての脆弱性が高く、自然災害は都市災害と化して拡大していく。

　この地球は46億年からの歴史があり、現在も活発な地殻活動を続けている。そのエネルギーはとてつもなく巨大で偉大である。それに対し人間は、わずかに100年の命でしかない。この地球と共存するためには、地球の雄大な時間軸を改めて評価して、我々の短い時間軸を省みる視点が必要ではないだろうか。我々にとって、1000年は簡単に忘れてしまうオーダーであるが地球はそうではない。地震や津波そして火山噴火や台風などの自然災害と共生しながら、その時どれだけ被害を減らせるかを考えたい。

　今回の地震被害が、阿蘇・熊本の地形・地質の中で何らの関連性があるのではと考えたが、とても難しい課題であった。後述の「南阿蘇村の学生アパート群」の地域は、地形的な影響が大きいと思われる。黒川の深い渓谷で断ち切られた溶岩台地は、台地先端付近での地震時の動きが大きく複雑化して、脆い表層地盤が不安定に滑ったように見える。こうした、住んでいる地域の自然環境を知る事は、災害時の避難や軽減化などに方向性を与えてくれると思われる。

　この日本列島は変化に富んだ山や川、平野などの自然景観に恵まれた地形と共に、変化のある地域ごとの気候が顕著であり、そのことにより、豊かな地方文化や実りが育まれている。これは、激しい地殻変動や火山活動によってこの地が造られたからであり、その恩恵と被害を較べながら、どこにどのように住むかを考えるべきである。

（近藤　一郎）

南阿蘇村河陽付近の斜面崩壊。黒ぼくと赤ぼくが見える。火砕流の中で軽石は押しつぶされて薄い層となり、その軽石層の下で表層崩壊が起きるとされる。

嘉島町井寺、熊野座神社（浮島さん）。この地域は地下水を含んだ砥川溶岩を基盤として、阿蘇の火砕流堆積物で出来ており、豊富な湧水が至る所に見られる。

2-③ 建物は時代と呼応して生きていく（建物の損傷とその時代）

● 高度成長期から今日まで、オイルショックの資材不足、海砂問題、バブル期建物、耐震偽装、データ偽装と建設界の事件は絶えない。
この流れに対応して、熊本地震の被害状況を見てみると耐震性能も時代の制約を受けている。

1. 時代と建築

建築の分野は、成熟期に入って久しい。建築を取り巻く環境は、時代の変化に伴って変わってきている。戦後間もなくは、戦前の厳しい法規制から開放され、焦土と化した国土から今日のまちや建築が立ちあがってきた。コンクリートや鉄骨の本格的な建物が立ち始め、戦後の復興と相まって、建築の分野でも近代化、工業化、軽量化の旗を掲げ、生活環境の整備が押し進められ今日に至っている。

近年、日本は地震の活動期に入ったといわれ、戦後整備されてきた町を襲い甚大な被害をもたらしている。

今日のまちを見ると、各時代に建てられた建築が混然一体となって構成されている。

戦後10年たったころ（1955）から経済は成長し、第4次中東戦争前（1973）まで続く。1974年中東戦争で原油生産が滞るようになり第1次オイルショックが起こり、トイレットペーパー買占めに象徴される品不足の時代が続く。建築の分野でも、建築資材の供給が需要に追い付かず、資材価格が高騰し、とりわけ、セメントの生産が滞り「しゃぶコン」と称して水増ししたコンクリートで建設された建物が、行政指導で取り壊される事件が起きたのもこの時期である。

1979・1980年の第2次オイルショックまで続く。1980年に耐震化の法的整備が図られ、1981年以後新耐震の基準に基づき建物は建てられている。

経済はさらに発展しバブル期（1986～1991）と称し、過熱した状況を生み出す。行き着くところまで行ったということか、金融引き締めの政策がとられバブルが崩壊する（1991～1993）。以後失われた20年が2011年まで続く。

この流れに対応して、熊本地震の被害状況を見ると。

2. 経済の高度成長期（1955～1973）

JASOで行った第1次調査で視察した被災建物6件のうち、軽微・小破4件、大破1件（熊本城）、崩壊（宇土市役所）

・大破1件（熊本城）は、歴史的遺跡の石垣の上にコンクリート造の大天守（1955）、その後再建された櫓、塀などが、石垣の崩壊（全体の3割23600㎡）の崩壊とともに損傷する。

・崩壊（宇土市役所）は、設計者の意図を実現させる技術的配慮が不足していたと思われる。

以上2件の特別な事例を除くこの時代の4件は小破・軽微で済んでいる。

宇土市庁舎（1965年）

第2Yハイツ（1974年）

3. オイルショックによる資材不足の混乱期（1974〜1980）

1974年、年中東戦争により、原油の生産が極度に落ち込み、生産するためのエネルギー不足により、生活物資をはじめ、建設資材の供給が極度に滞り社会不安は全国に広がった。特に1974（昭和49）年、1975（昭和50）年、1976（昭和51）年の状況はひどかった。

この間の被災建物は8件あり、倒壊3件、中破3件、軽微1件、無被害1件

この期の建物の損傷は、大きい。

この期の社会的混乱が、建設の体制に影響し、建物の質にまで影響していると思われる。

○海砂問題

高度成長期の1955年頃からオイルショックの1980年頃までには海砂の問題がある。もともと、大きな河川の少ない近畿以西では、川砂ではなく海砂がコンクリート骨材として使用された。問題の時期は、洗浄などが行われず無頓着に海砂が用いられた。鉄筋の爆裂、アルカリ骨材反応などの問題が生じた。1970年頃に建設された山陽新幹線の橋脚劣化は大きな問題となった。1986年、塩化物の総量規制以降は改善されたといわれる。

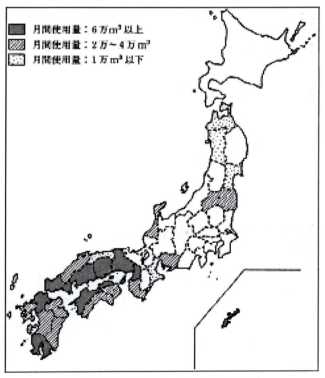

海砂の使用（「コンクリートは危ない」より）

4. 新耐震以降（1981〜）

1981年に耐震基準が新たに制定された。

この期の建物の被害は、18件あり、大破4件、中破4件、小破6件、軽微4件

新耐震基準が有効に働いたとみてよいのではないか。しかし、新耐震基準によっても損傷があることは、設計に際し更に熟慮する必要があることを示している。

5. バブル時期から耐震偽装、データ偽装へ

1986年頃から1991年頃までのバブル経済の時期は不動産が高騰し、猛烈な勢いで建物建設が行われた。不適格な施工者までが採用され、「ベルコリーヌ南大沢」のような大施工不良建物が生まれた。全国的に人不足、資材高騰の中で苦しい状況だった。1998年の建築基準法の一部改定で規制緩和が行われ、建築確認が民間開放された。これが2005年の構造偽装事件に繋がった。その反動で、指導の厳密化、違反の厳罰化が行われた。しかし最近でも杭データ偽装、免震ゴム偽装など事件はなくならない。

建築は時代の制約を免れない。耐震性などの性能も建設時期に左右されてきた。しかし、設計者や施工者のプロフェッションとしての意識や良心からは、その制約を言い訳にできない。

（中田　準一・安達　和男）

宇土市営入地団地（1号棟）（1997年〜2000年）

2-④ 熊本地震と地震地域係数

●熊本地震による建物被害は、地震後も継続して利用可能な軽微な被害で済んだものが多かった。一方で層崩壊など壊滅的な被害を受けたものも見られた。被害が大きくなった原因は、設計要因、施工要因など様々考えられるが、建築基準法が規定する地震地域係数が被害を大きくした可能性があるのではないだろうか。要因の一つとして考察する。

1. 地震地域係数の意味

建築物の新築時には、地震力を想定して構造設計（構造計算）を行うが、想定する地震力は、大規模地震が発生しやすいと考えられている地域とそうでない地域で一定の係数を乗ずることができるようになっている。これを「地震地域係数」といい、建築基準法ができて間もない1952年に日本全国を0.8～1.0の3つのエリアに分けて指定された。

1952年に指定された地震地域係数

最も厳しい係数1.0の指定がされたのは、東京、大阪、名古屋の3大都市圏を含む地域で、熊本県など九州では最もゆるい係数0.8であった。当初の地域係数は、当時それまでに起こった歴史的な大規模地震の知見を基に定められたもので、指定当時に過去の地震について研究が進んでいた3大都市圏を中心に定められたと言える。

新築時の構造計算上の地震力は次の式で表される。従って、係数0.8では東京などと比べて2割程度低い地震力を想定していることになる。

> 地震力＝地震地域係数 × 想定する地震力

地震力は、概ね震度6強程度の地震力を想定しており、地域係数1.0を採用した場合、「震度6強で倒壊しない」ことを目標にしている。従って、震度7を想定した設計では地域係数を割り増しする必要があるし、建物の存続期間中に震度6強が来ないと想定すれば、地域係数を低減することになる。

2. 地域係数指定の経緯

この地震地域係数は、1980年と2007年の2度地域の見直しが行われており、1980年の見直しで熊本県の大半は係数0.9とされたが、庁舎が崩壊した宇土市は係数0.8のまま残った。1980年は、建築基準法の耐震規定が大きく変わった1981年の1年前で、1981年以前に建築された旧耐震基準の建物の多くは地震力を0.8掛けしている可能性が高い。

なお、1980年の見直しでは、1972年に復帰した沖縄県にも係数が指定され、全国で唯一地域係数0.7が指定され現在に至っている。また、2007年の見直しでは、静岡県が近い将来発生が危惧されている東海地震を想定して地域係数1.2を採用している。現在の指定状況は、次ページの表のとおり。

3. 宇土市役所の地震被害

今回の熊本地震による建物被害に地域係数がどの程度影響したかを明らかにするには、被災建物の新築時の構造計算書などを再確認する必要がある。RC造建物の場合、新築時の設計で地域係数の低減を採用すると地震力に抗する鉄筋の量（数）を減らせる可能性がある。

被災した宇土市役所（全景）

例えば、今回の地震で上層部が崩壊した宇土市役所は1965年に新築されており、旧耐震基準で構造設計がなされた建物であるが、当時の地震係数0.8を採用していたとすれば、二重の意味で地震に対し脆弱であった可能性がある。今回の地震で「地震地域係数」が影響した例として掲げることができるかもしれない。

宇土市役所（層崩壊した4階）

4. 大規模地震の発生確率と地域係数

1952年に定められた地震地域係数は、それまでに起こった歴史的な大規模地震の知見をもとに指定されたことは既に述べた。しかし、現在は過去に起こった大規模地震の研究がかなり進んでおり、これまで震度6弱以上の地震が全ての都道府県で起こっていることが知られている。一方、国が2005年に発表した「全国地震動予測地図」では、九州北部や北海道北部では、震度6弱以上の発生確率が6％以上あり、四国地方や長野県北部では、震度6強以上の地震の発生確率が26％以上となっている。

熊本地震は、全国的に見て大規模地震の発生確率が比較的低いとされてきた九州で、震度7の地震が2度起こった。

こうしたことから、今後「大規模地震は日本全国どこで起こっても不思議ではない」と言わざるを得ない。

地域係数は、大規模地震の発生確率が低い地域において、設計時の地震力を低減することができるようにしている。このことが、戦後復興期に地域の経済活動などに貢献したとも考えられる。しかし、地域の中心都市が大規模地震に見舞われれば、その地域にとって壊滅的な被害となる場合もある。

建築全体の流れが、スクラップアンドビルドから既存建築物の長寿命化に向かう中で、今後の建築のあり方として「地震地域係数」をどのように扱うかを検討すべきではないだろうか。また、地域係数を採用して構造設計が行われたと思われる建物では、新耐震基準で設計された建物も含め耐震診断など構造設計の再確認を行い必要な処置を取るべきと考える。

（岡田　和広・佐藤　寿一）

地震地域係数（現在の指定）

地域	地震地域係数 Z
静岡	1.2
北海道（根室・釧路・十勝・日高支庁）、青森（三八・上十三地区）、岩手、宮城、福島（浜通り全域、中通りのうち福島市、二本松市、田村市、伊達郡、安達郡、東白川郡、石川郡、田村郡）、栃木、群馬、茨城、埼玉、東京、千葉、神奈川、山梨、長野、富山（富山・高岡・砺波地区）、石川（奥能登地区以外）、福井、岐阜、愛知、三重、滋賀、京都、大阪、兵庫、奈良、和歌山、鳥取（因幡地方）、徳島（美馬・三好以外）、香川（大川・木田）、鹿児島（奄美地方）	1.0
北海道（石狩・空知・後志・渡島・檜山・胆振支庁、上川支庁のうち富良野市、空知郡、勇払郡、上川郡南部、網走支庁のうち紋別以外）、青森（東青・中弘南黒・西北五・下北地区）、秋田、山形、福島（会津全域、中通りのうち郡山市、白河市、須賀川市、岩瀬郡、西白河郡）、新潟、富山（新川地区）、石川（奥能登地区）、鳥取（伯耆地方）、島根、岡山、広島、徳島（美馬・三好）、香川（大川・木田以外）、愛媛、高知、熊本（熊本市、人吉市、菊池市、阿蘇市、合志市、下益城郡、菊池郡、阿蘇郡、上益城郡、八代郡、球磨郡）、大分（大分市、別府市、佐伯市、臼杵市、津久見市、竹田市、豊後大野市、由布市、玖珠郡）、宮崎	0.9
北海道（留萌・宗谷支庁、網走支庁のうち紋別市、紋別郡、上川支庁のうち旭川市、士別市、名寄市、上川郡北部、中川郡）、山口、福岡、佐賀、長崎、熊本（八代市、荒尾市、水俣市、玉名市、本渡市、山鹿市、牛深市、宇土市、上天草市、宇城市、玉名郡、鹿本郡、葦北郡、天草郡）、大分（中津市、日田市、豊後高田市、杵築市、宇佐市、東国東郡、速見郡）、鹿児島（奄美地方以外）	0.8
沖縄	0.7

2-⑤ 建物の整形性

- 建物の形や構造部材のバランスの良し悪しを「整形性」と称し、整形性が良ければ地震被害が生じるリスクが少なく、整形性が悪く不整形であれば地震被害を受けるリスクが高いとして評価している。
- 整形性は耐震性能を支配する重要な要素である。
- 平面形状、断面形状、構造要素の配置、それぞれの整形性が評価の対象となる。

直観的に耐震性能を推測するには、建物の形のバランス(整形性)の良し悪しをチェックするのが一番わかりやすい。本稿では整形性と今回の地震被害との関係について考察する。

耐震診断では、耐震性能としてIs値(構造耐震指標値)を算出する。Is値の計算根拠に含まれる要素の一つが「形状指標(整形性)」である。Is値は「頑丈さ」「粘り強さ」「形状の良し悪し」「劣化の度合い」を数値化したもので、この4要素を掛け合わせた数値で示しており、計算上も、形状は重要な要素であることが分かる。

1. 平面形状の整形性

雁行形状やL字型、凹凸が多いなどの不整形な平面形状の建物は、長方形のような整形平面の建物と比較するとバランスが悪く、耐震性能を低下させるリスクが高くなる。

都市部の不整形な敷地では、敷地形状に合わせた不整形な建物が見受けられる。敷地に十分な広さの余裕がないことや、日照・通風確保のために不整形な平面形状になる。

近年では不整形な平面形状の建物は、エキスパンションジョイントで分けるなど、構造設計上の配慮が行われているが、古い建物ではL字型やU字型が一体的に作られているものがあり、耐震上の弱点といわれている。

今回の地震被害では、レの字型の不整形な平面のマンションで構造壁、非構造壁に損傷が生じた事例が見られた。(事例No.39 Kビル)近隣の整形建物では特段の被害が見受けられない事から、不整形な形状が被害の一因であったことが推測される。

熊本市西区の京町台地区では、平面形状の整形性の差によって地震被害が異なった事例が見られた。

既存鉄筋RC造建築物、既存SRC造建築物の耐震診断基準 同解説(一般財団法人 日本建築防災協会 国土交通大臣指定耐震改修支援センター)を見ると、耐震診断における形状指標の算定根拠の一つとして、平面形状の整形性の分類方法が示されており、これを参考に京町台地区の旧耐震基準の建築物①~③(すべて1階にピロティがある共同住宅)を分類すると、表1のようになり、最も整形性の悪い建築物②で重大な被害(層崩壊)が生じており、平面の整形性が耐震性を左右する大きな要素であることが見えてくる。

これら一群の建物より約150m北側にある1階ピロティの旧耐震の共同住宅(事例No.56 Yビル)は、平面の整形性のみに着目すると建築物②と同じ「a3」の突出部分

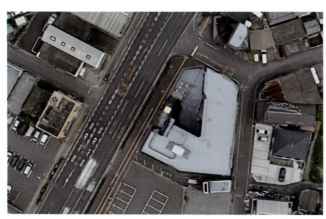

レの字平面のマンション

鋭角に曲がった共用廊下の交点部分の非構造壁にひび割れ等の被害が見受けられる。

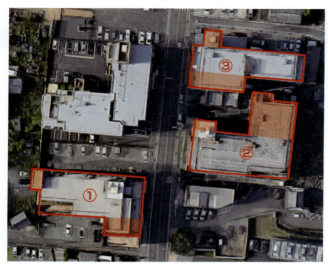

京町台地区で整形性による被害の差が見受けられた建築物
(うすく赤色に着色した部分が、平面上の突出部とみなす部分)

表1　建築物①〜③の被害状況と整形性の分類

	整形性の分類	被害の状況
建築物①	a2：突出部分の面積が床面積の30％以下	一部躯体に損傷発生
建築物②	a3：突出部分の面積が床面積の30％を超える	ピロティ層崩壊上部構造,梁大破
建築物③	a2：突出部分の面積が床面積の30％以下	目立った被害なし

参考　整形性ａの区分
(出典：既存SRC造建築物の耐震診断基準　同解説より抜粋)

整形性	G1(グレード)	分類方法
a1 整形	1.0	ほぼ2軸対象のもので一つの突出部の面積が床面積の10％以下のもの
a2 ほぼ整形	0.9	a1より不整形なものまたL,T,Uの平面で一つの突出部の面積が床面積の30％以下のもの
a3 不整形	0.8	a2より不整形なものまたL,T,Uの平面で一つの突出部の面積が床面積の30％を超えるもの

(G1は、形状指標値を決定する際に使用するもので、1.0より0.8の方が耐震性能を低下させる)

の面積が床面積の30％を超える不整形平面の建物に該当している。しかしピロティ階で、平面上の弱点となる箇所に直交したブレースで剛性が追加されているなど、当初から設計上の配慮が行われており、実際の被害は建築物①より軽微であった。このことから不整形であってもバランスを考慮した配慮が行われている場合、地震の被害が少ないという実態も見えてきた。

2. 上下方向(断面形状)の整形性

上下方向の整形性も耐震性能に影響を及ぼしている。不整形な例として一番分かり易いのは、斜線制限などによるセットバックや、屋上に突出した塔屋のように上下方向での不整形さがあげられる。

今回の調査では、セットバック部分や塔屋での重大な被害は発見されなかったが、阪神・淡路大震災では、屋上に突出した塔屋が倒壊した被害例が報告されている。

なお、上階と下階の剛性のバランス不良に代表されるピロティ建物も上下方向が不整形と判断されるが、これについては、次項で詳解される。

3. 構造要素配置の整形性

耐震壁などの構造要素の配置バランスの良しあしも耐震性能に影響を与える。耐震診断では形状指標の算出をする際、平面上の重心と剛心のズレを考慮し、ズレが大きいほど耐震性能を低く評価することになる。今回の調査事例の中では、宇土市庁舎の層崩壊被害が重心と剛心のズレが一因であったと推測される。

4. バランスの良い構造計画が重要

構造設計や耐震補強を行うとき、数値上は設計の基準を満たしたとしても、使い勝手や形状に合わせるあまり、構造バランスを欠いた建物は、弱点部分に地震力が集中し、被害が生じるリスクが高いといえる。長期的かつ被災後の復旧という視点に立ってみれば、被害を最小限度にすることが設計者に求められる。設計者は全体の構造バランスを十分に考慮した設計を行う事が、極めて重要でだという事が、この地震被害で改めて浮き彫りになった。

(江守　芙実)

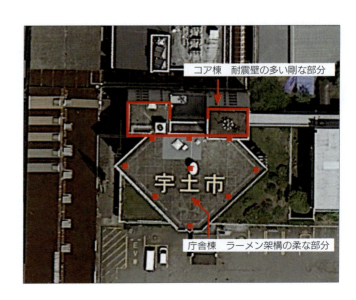

2-⑥ ピロティ構造の崩壊

●熊本地震でも、ピロティ部分が層崩壊した第2Yハイツを始め、ピロティを持つマンションの被害が目立った。ピロティ柱の被害は、1981年以降に建築された新耐震建物にも見られた。ピロティ構造の持つ性状的特徴と問題点について考察する。

1. 柱の必要耐力

建物の最低限の機能として、大規模地震で損傷したとしても、空間保持能力を持っていることが必要である。マンションでは概ね床荷重が1.2t/㎡あり、例えば80㎡/戸の大きさで10階建ての建物の1階では、1住戸が4本の柱で区切られているとすると、1階の柱にかかる荷重は1.2t/㎡×80㎡/戸×10階/4本＝240t/本にもなる。壁の無いピロティ構造では、柱1本で240tの重量を支えていることから、コンクリート断面積、コンクリート強度、外に逃げる力を拘束するための帯筋が重要となる。

2. ピロティ構造の旧耐震基準マンション

市街地に建つマンションでは、敷地の制約などから一階を駐車場にするケースが多くみられる。マンションでは各住戸を仕切る戸境壁が上下階で連続して設けられており、地震時には柱を補完する耐力壁として機能する。1階が駐車場などに使われているマンションでは、空間を確保するために上階からの壁の連続性が失われており、いわゆるピロティ構造となっている。このことは、1階が店舗などに利用されていて一見ピロティが無いように見えるマンションでも同様の構造となっていることが多い。

通常、マンションはベランダ側と廊下側の2本の柱で重量を支えているが、地震時に水平力が加わると根こぎのような状態がおきると仮定される。2本分の柱に掛かる重量が1本の柱に集中し、また地震の水平力も柱へ加わり、平時の240tの数倍の力が1本の柱に掛かることとなる。しかし、旧耐震基準時に建設され建物にはその概念が考慮されていない。

3. 熊本地震の特徴

熊本地震では、前震と本震の2度にわたり建物は震度7の揺れを経験した。規模の小さい地震に対しては、弾性域（力を除くと変形が戻る範囲）で対応できるので繰り返し力を受けても問題は生じないが、塑性域（力を除くと変形が残る範囲）に達するような大きな地震を2度受けることは、新耐震設計法でも想定外のことである。

被災調査では、たくさんのピロティを調査したが被害事例とその設計基準を分類分けすると以下のようになる。

1階層崩壊による建物全体の倒壊	旧耐震基準（地域係数0.8）
1階ピロティ柱のみ大破	新耐震基準（地域係数0.9）
1階ピロティの軽微	新耐震基準（阪神淡路大震災以降の規制）（地域係数0.9）

大規模地震の際に建物に被害が生じる原因は、地盤の影響や地域係数、施工状況など複数の要因があるが、設計基準が改正され、被害はかなり改善している。旧耐震建築物について、耐震診断、耐震改修の必要性は明らかであるが、阪神・淡路大震災（平成7年）でピロティの被害が注目され、その構造について構造基準が厳しくなった。ピロティは建物全体を倒壊させ、場合によっては人命に直接影響を与える。ピロティを有する建物の設計に際しては、その特性、弱点を十分理解して行う必要がある。

今回の熊本地震では、たまたま前震の際に建物から避難していたため、本震で倒壊した時には既に建物から避難していたケースもあり、ピロティによる震災関連死が少なかった珍しい事例であり、こうしたことを今後の地震でも期待することはできない。

4. 新耐震のピロティ被害

　新耐震基準の建物で1階のピロティが大破した被害事例を次に示す。鉄筋コンクリート造の柱は、圧縮力を負担するコンクリートと引張力を負担する鉄筋で構成されているが、コンクリート部分の圧壊と鉄筋の引張破断まで起きている。新耐震基準のため倒壊せず、2階以上の被害は軽微であった。

5. 脆性的な破壊

　大規模地震で、ピロティを持つ建物が全て倒壊するとは限らない。過去の地震でも倒壊から免れているものが多数あるが、旧耐震基準のピロティ柱が一本でも破壊されると、建物全体の倒壊につながりかねない。層崩壊した階の人命確保はかなり厳しくこの崩壊は一部の柱であっても避けなければならず、構造耐震判定指標（俗にいうIs値）よりも重要性は非常に高い。

東側外観（1階はピロティ）

西面外観と1階ピロティの層崩壊

1階柱の引張鉄筋の降伏とコンクリートの圧壊

1階の層崩壊と妻壁の面外座屈

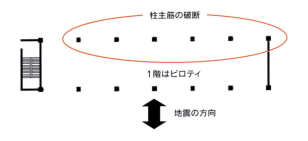

ピロティ柱の引張と圧縮力の繰り返しにより引張鉄筋が破断した。

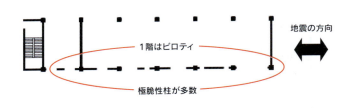

ピロティと極脆性柱がありその崩壊から1階の層崩壊に至る。

6. 建物形状等の特性

熊本地震で倒壊・大破したピロティ構造の建物では、単にピロティ構造だけの問題ではなく、建物の重心と剛心の距離が大きく地震力により建物がねじれ、その結果むちふり現象が崩壊を大きくした例を以下に示す。

一方で、ピロティが層崩壊したマンションより1年早く建築されたマンションでは、L型の1階にピロティ駐車場を持つ構造は同様だが、新築設計時にピロティ柱にブレースで補強がされており、こちらは、軽微な損傷で済んでいる。

（岡田　和広・佐藤　寿一）

1階ピロティの層崩壊

1階ピロティ（被害はほぼ見当たらない）

帯筋フックが90度のため拘束力が小さい

ブレースによりバランスが改善し層崩壊とならない

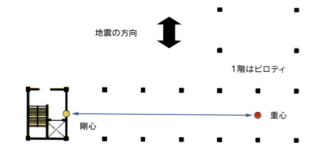

建物がL型だと重心は右側に寄り、階段等が左側にあり剛心が左側に寄り、その距離の大きさがねじれの大きさとなり1階柱の圧縮力を大きくし層崩壊となった。

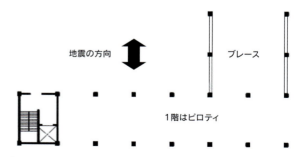

L型建物のねじれをブレースにより改善され大きなねじれの発生とはならず、1階柱の層崩壊を免れた。

新耐震建物のピロティ被害例

新耐震建物のピロティ被害例

2-⑦ 増築された建物とエキスパンションジョイント
大津町役場の問題から

- 異種構造の増築は何故おこなわれたか。
- エキスパンションジョイントのクリアランスは十分だったか。
- エキスパンションジョイントの位置や仕上げは適切だったか。

　熊本市と阿蘇山の中間に位置する大津町役場は、昭和44年10月に鉄筋コンクリート造4階建てとして竣工している。その後、新耐震設計法が導入された後に、鉄骨造4階建てとエレベーターシャフトが増築され、本庁舎とエキスパンションジョイントにより繋がれている。熊本地震による被害は、旧耐震基準の本庁舎の主要構造部には大きな損傷は見受けられないが、エキスパンションジョイント周囲の損傷が著しく、庁舎としての機能は失われた。震災後に南側の駐車場にプレハブ造2階建てを仮庁舎として仮設して業務をおこなっている。

　鉄筋コンクリート造と鉄骨造とでは地震時の揺れ方が異なる。構造の種別ごとに固有周期と層間変形角が違うので、鉄筋コンクリート造は小刻みに激しく揺れて、鉄骨造は大きくゆったりと揺れる。異種構造を連結するには、双方の建物が地震時に衝突しないだけのクリアランスを設けて、エキスパンションジョイントを一方の建物に固定し、もう一方の建物にはフリーに動けるようにしておく。前後、左右、上下にも動きは想定される。電車の連結部の幌や床の2枚の鉄板の機能に近い。エキスパンションジョイントはこの大きな相対変位に追随し吸収することで、床、壁、天井などの機能を保っている。したがって、エキスパンションジョイントは挙動する。

左側が鉄筋コンクリート造の本庁舎、右側が鉄骨造の増築部分。エキスパンションジョイントは本庁舎から1m程度張り出した部分に設置されている。

エキスパンションジョイント　　エキスパンションジョイント

　内部の仕上はまったくエキスパンションジョイントを意識していない。壁と天井はエキスパンションジョイントを隠蔽して一体に仕上げてしまっている。必然的に下地と仕上は剥がされて周囲の照明器具も脱落している。床はエキスパンションジョイント金物が露出はしているが間仕切りはエキスパンションジョイント金物を無視して跨いでいる。

　そもそも、庁舎の増築にあたり異種構造を採用した理由は何なのか。エキスパンションジョイントの基礎知識を有しない内装の設計と施工がおこなわれた経緯には疑問がある。本来であれば増築の前に旧耐震基準の本庁舎を耐震診断するべきだ。必要な補強量を含めた鉄筋コンクリート造による増築補強がおこなわれていたならば、庁舎機能が保全されていたかもしれない。耐震補強に加えて震災時の機能維持あるいは損傷後の早期回復といった性能が公共の建築物には欠かせないものであることを暗示している。

（宮城　秋治）

2-⑧ 目地とスリットから いわゆる「雑壁」について

1. 目地とスリット

目地	・伸縮目地 ・誘発目地	スリット	・完全スリット ・不完全スリット

　伸縮目地は主に屋上保護コンクリート床面、駐車場コンクリート床面等に見られる目地で、主にコンクリートの温度膨張、収縮により発生するひび割れを防止するために設けられる。

　誘発目地はモルタル、コンクリートの工事段階に材料の乾燥段階で発生するひび割れを防止するために設けられる。断面欠損率を上げるため、壁内部に障害物を設置したり、鉄筋の接続を制限したりと建設各社の様々な仕様が生み出されている。

　スリットは、主に柱などの主要構造部の耐震性能に悪影響を与える壁面などに設けられ、完全に躯体の柱と壁を遮断する完全スリットと、部分的に接続を残す不完全スリットに分けられる。新築物件の場合完全スリットが多く、耐震補強などでは、室内への影響の少ない不完全スリットの使用も多く見られる。1981年新耐震基準導入以降、取り入れることが増えてきた新しい工法である。

2. 「雑壁」の被害

　今回の調査では、主要構造部にはあまり被害の生じていないにもかかわらず、廊下側、バルコニー側の「雑壁」に大きな損傷の見られるマンション等の物件が多く見られた。これら「雑壁」の破壊は、出入口扉や開口部にも変形をもたらし、使用できない建具となっている事例もあった。

　Xマンション熊本駅南はその典型的な事例のひとつである。このマンションの被害は主要構造部ではなく（写真1～2）、概ね「雑壁」に集中しており、1階駐車場間仕切り壁、外廊下住戸側壁面、バルコニー側住戸壁面に被害が見られた。

　写真3～4は1階駐車場間仕切り壁の柱脇部分での被害写真であり、柱と壁の接合部には誘発目地が設けられていた。目地のシール材は触るとまだ弾性が残っており柔らかかった。壁側の鉄筋はタテヨコ約20cmの間隔で、柱には1本おき、従って@40cm間隔で接続していた。

写真1

写真2

写真3　写真4

写真5は外廊下の被害状況で、住戸側壁面の柱間で窓開口部2箇所、玄関扉及びメーターボックス扉が配置されている。亀裂は玄関扉と窓開口の間、窓開口部と柱の間に集中していた。

写真6は、玄関扉と窓開口部の間のもので、玄関開口部枠がゆがんでおり、開閉に支障がでている。層間変異による剪断亀裂が腰窓の脇に生じており、このような亀裂は他の被害建物でも多く見られる事例である。

写真7は、窓開口部と柱間の壁に生じた亀裂の状況である。

写真8はバルコニー側の状況で2箇所の掃き出し窓の間の壁に剪断亀裂が生じている。

3.「雑壁」設計上の問題点

このような事例がすべての建物に被害として生じるのであれば問題はある意味容易なのであるが、生じない建物も多くあるため問題は複雑である。

整理すると以下のような課題を、この「雑壁」の亀裂が投げかけているように思われる。

まず、これまでの工法によってつくられた「雑壁」について、

・被害が生じてしまうのは何故か？
・または、被害が生じないのは何故か？
　また、「雑壁」の部分の設計はこれまで通りでよいのかどうか？
・主要構造部のために設計されているスリットを雑壁の構成のなかに、適切に配置使用すればこの問題を解決できるのか？その場合建具はどのように設置すればよいか？
・高層集合住宅などで使用されるALC版など、現況より層間変異に対応できる工法を選択すべきなのかどうか？その場合、建物高さ・規模でどの程度以上の場合に選択する必要があるのかどうか。

これまで、いわゆる「雑壁」については、亀裂が生じることは当然であるとの判断が構造設計の立場から暗黙の前提となっているようである。

しかし、そうであったとしても、「雑壁」に大きな亀裂が生じ、開口部の開閉に支障が出るような事態となると、主要構造部に支障が少ない場合でも、一定期間住めない状況が続き、さらには建替えも検討しなければならないような現況を、もう少し考慮するような設計が必要であると思われる。

（菊地　守）

写真5

写真6

写真7

写真8

2-⑨ マンションの非構造壁の被害と作り方

- マンションが求める耐震性能には、生活を守る事が求められる。
- 非構造壁も被害が大きければ、復旧するか否かの判断に影響する。
- ひび割れに動揺しないよう、被災事例を紹介する。

1. 建築基準法が目標にしている耐震性能

建築基準法は、建築物の敷地、構造、設備及び用途に関する最低の基準を定めて、国民の生命、健康及び財産の保護を図り、もつて公共の福祉の増進に資することを目的としている。耐震性については、建築物が保有すべき最低限の基準として、震度5強程度の中規模地震動に対してほとんど損傷を生じず、震度6強から7に至る大規模の地震動に対して人命に危害を及ぼすような倒壊等の被害を生じないことを目標としている。

2. マンションが求める耐震性能

住宅はシェルターとして、外界から身を守ること、外敵の侵入を防ぎ、外気や風雨、騒音などを遮る機能がある。マンションは住宅としての機能を果たすべく、建築基準法の目的に加え「生活を守る」ことが加わり、大地震後、一旦安全な場所に避難し、地震がおさまればマンションに戻り生活することが求められる。

3. 非構造壁の機能と耐震性能

非構造壁は、主として柱と梁で囲まれた架構の中に設けられる出入口と、他の窓開口周辺の鉄筋コンクリート造の壁、並びに、柱際窓開口の垂れ壁・腰壁などを指し、大地震時の揺れに対する耐震要素から除外されている。非構造壁の構造設計仕様は、壁厚さを12～15cm、鉄筋は径9mm～10mmの縦横20cm程度の鉄筋格子を通常としている。マンションの廊下やバルコニーに面する非構造壁は、これらの壁の並行方向に揺れる大きな挙動を受け、震度5強程度の地震の揺れに対し甚大な損傷を受けることがある。

4. 被災度区分判定と美観や居住性能

建物の被災レベルを把握するには、被災度区分判定を受け、主として柱や梁など構造躯体に関する被災度を把握し、これに基づき継続的に使用するための復旧の要否を判定する。

※3-③章　マンションは改修して住み続ける事が出来る　4）建物の被災度を知る被災度区分判定参照

熊本地震では、柱や梁など構造躯体に損傷は無いが、非構造壁がひび割れたマンションが多くあった。被害には、玄関ドアの開閉ができないことによる避難上・防犯上の問題、雨漏り、外壁タイルの剥落などさまざまな生活支障と共に、美観や居住性能の低下が、視覚的・精神的にダメージを与え、復旧への意欲を低下させる原因にもなった。

被災度区分判定の結果が出ても、建築物の復旧方法については、被害状況、復旧にかかるコストや時間など様々な要因から総合的に判断する必要があり、継続的使用が可能と建築士が考える建物でも、一方的に決めることは出来ない。管理組合は建て替えに向かう前に、被災度区分判定を依頼し、被災度を把握した上で、公平な立場に立ち、一緒に考えてくれる建築士に相談しながら、復旧について検討して欲しい。

5. マンション非構造壁の被害事例

コンクリート非構造壁のひび割れには、ひび割れ幅1～2mm程度から、大きなひび割れが多数生じ、コンクリートの剥落や破壊が激しく、中の鉄筋が見えたり、反対側が見えるような穴が開く事さえあり、被災レベルは様々である。今後起きる地震において、ひび割れに動揺しないように、事例を紹介する。

1）共用廊下側の玄関ドアとアルミサッシの間の非構造壁のひび割れ

　共用廊下側の外壁がひび割れると、美観を損なうと共に、玄関ドアが歪み開閉に支障が出たり、避難が困難になる場合がある。

2）バルコニー方立壁のひび割れ

　バルコニー方立壁のひび割れは、軽微なものではアルミサッシの入り隅部分に入るものから、大きなものではアルミサッシの間に×のひび割れが入ることもある。さらに、アルミサッシの枠が歪み、開閉が困難になったり、FIX窓はガラスにひび割れが生じる事もある。

　マンションのバルコニーは、共用部分であるが専用使用部分である。損傷度を確認するには、各住戸の在宅など協力が必要で手間がかかる。バルコニー側の復旧工事を行う場合は、原則として足場が必要で、仮設工事費が割高になり、合意形成に時間がかかる。

3）外壁妻壁の非構造壁に入るひび割れ

　雨がかかる外壁は、アルミサッシまわりに入る微細なひび割れでも雨漏りの原因になる。また外壁がタイル張りの建物では、これらのひび割れに伴い、タイルが剥落する場合がある。

4）その他の非構造壁

　マンションのメインエントランスホールまわりにある非構造壁は、仕上げを伴う被災を受けると美観を損なう。

写真1－1　玄関ドアとアルミサッシの間に入ったひび割れ。玄関ドアが歪み鍵がかからずチェーンと南京錠で戸締まりしている。

写真1－2　玄関ドアとアルミサッシの間に入ったひび割れ。構造躯体には大きな損傷は見られない。玄関ドアは閉まっていない。

写真1－3　大きなひび割れが生じ、コンクリートの剥落や破損が著しく、中の鉄筋が見える。玄関ドアが大きくゆがみ開閉が困難。

写真1－4　面格子が外れている。玄関ドアが開かなくなり、窓から避難したと思われる。

写真2-1　バルコニー掃出しサッシ間方立壁のひび割れ、中の鉄筋が見えている。	写真2-2　バルコニーサッシ間の方立壁のひび割れ。上の階は、ブルーシートで被われている。

写真2-3　大破した解体中のマンション　バルコニー側方立壁も大破。	大破した解体中のマンション　バルコニー側、袖壁のひび割れ。

写真3-1　外壁妻壁の非構造壁に入ったひび割れ。雨が降れば雨漏りとなる。	写真3-2　外壁妻壁の出窓とバルコニーの開口の非構造壁に入ったひび割れ。コンクリートのひび割れと共に外壁タイルが剥落した。

写真3-3　外壁妻壁のサッシュ間非構造壁に入ったひび割れ。	写真3-4　雨が掛かる外壁の非構造壁に入ったひび割れ。雨が降れば雨漏りに繋がる。

写真4-1　大破した非構造壁。柱や梁に損傷が無ければ、復旧できる。	写真4-2　屋内のタイル張り非構造壁のひび割れ。ひび割れに沿ってタイルが剥がれている。

写真4-3　屋内の非構造壁のひび割れ。大きなひび割れが生じ、コンクリートの剥落や破損が著しく、鉄筋が見える。	写真4-4　屋内の非構造壁のひび割れ。大きなひび割れが生じ、コンクリートの剥落や破損が著しく、鉄筋や電気配線が見える。

5. 非構造壁の被災度区分判定基準

被災度判定は主として、骨組みとなる柱や梁など構造体の耐力の評価であり、美観や居住性能の低下で判定するものでは無い。しかし、非構造体のコンクリート壁も被害が大きければ、復旧するか否かの判断に影響する。東日本大震災をはじめとする近年の地震被害ではこのような事例が多く見られ、2015年の改訂では、鉄筋コンクリート造の壁が構造躯体の耐震性能に及ぼす影響が小さく、非構造壁とみなせる場合には、これを別途取り出して、非構造壁として被災度を判定して良いこととなった。

6. 非構造壁の地震時損傷防止対策

1) 鉄筋コンクリート造の非構造壁の接合部改修

柱・梁架構の変形性能に追随するため、非構造壁と上下階梁接合部の一端を壁スリットで切り離し、地震時の水平挙動の影響を避ける。但し、梁との接合部の一端を切断した非構造壁は、壁と直行方向地震荷重に対し十分に自立出来る補強対策が必要である。

2) 乾式壁材で作りかえる

被災し、損傷した鉄筋コンクリート造非構造壁は撤去し、パネルなど乾式壁材に置き換え地震時の挙動に追随できる接合に改修する方法もある。ただし、非構造壁を全面的に再構築する場合にあっては、構造躯体の耐震性能に及ぼす影響を考慮した上で、損傷軽減が期待される構造を採用することが望ましい。

7. 新築マンションの非構造壁の作り方

非構造壁のひび割れは、柱や梁など構造躯体に損傷が無くても美観を損ない、生活支障が大きくなれば復旧への意欲を低下させる。新築時の設計において、構造上積極的に活用するのか、構造計算上無いものとし、構造躯体と分けるのか、整理して設計すべきである。

以下の対策が考えられる。

1) 建物剛性を上げる。

ひび割れが生じないくらい、建物の変形が小さくなるように、建物剛性を大きくする。

2) ひび割れる非構造壁を作らない。

袖壁や方立壁を積極的に構造壁として活用する。さらに、ひび割れが生じても、ひび割れが大きくならないように、壁筋の配筋や壁厚を設計する。但し、非構造壁が柱や梁など構造躯体に影響を与えない事が前提である。

3) 非構造壁は、構造躯体と分ける。

非構造壁はパネルなど乾式工法で作り、地震時の挙動に追随できる接合とする。

8. 新陳代謝するマンション

マンションを100年という時間の中で眺めてみると、築後50年〜60年で鉄筋コンクリート、タイル、ガラスなどを除く、ほぼ全ての部品が耐用年数を迎える。結果として、躯体を残し、防水材、塗装材、塩ビ部材、二次部材、給排水設備など全てを更新することになる。このような部品を計画修繕の中で更新すれば快適に住み続ける事ができる。

新築時にこれらの部品を更新可能にすると共に、非構造壁は構造躯体と分けて更新できる部品で作り、万一被災しても、更新して復旧可能なように作りたい。50年という歳月の中で、日本人の生活様式や省エネに対する考え方、構造に対する考え方は変わった。今後も住宅は進化し続けるはずである。築後100年でも200年でも住み続けることができる住宅とは、地震で倒壊・崩壊せず、火災で延焼しないという基本性能と共に、生活や環境の変

2015年　非構造壁の被害による被災度区分

被害レベル	非構造壁に損傷度Ⅳ以上の被害が一部ある	非構造壁に損傷度Ⅳ以上の被害が約半数ある	非構造壁に損傷度Ⅳ以上の被害がほぼ全数ある
被災度（非構造：RC造壁）	小破	中破	大破

損傷度Ⅳの被災レベル：大きなひび割れが多数生じ、かぶりコンクリートの剥落や圧縮破壊が著しく鉄筋がかなり露出していることもある。

化に対応できる建築物である。

　今から40年〜50年前に、メタボリズム運動の一環として新陳代謝するマンションが建設された時期がある。今こそ、生活様式の変化や震災復旧を視野に入れた、再生可能なマンションが求められる。

（今井　章晴・原田　光政）

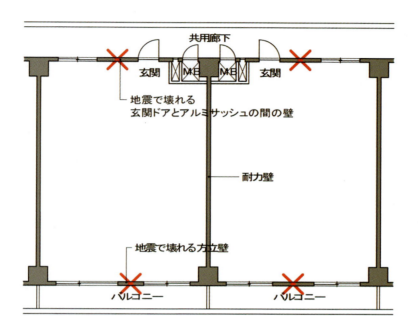

図1　非構造壁が地震で壊れるマンション

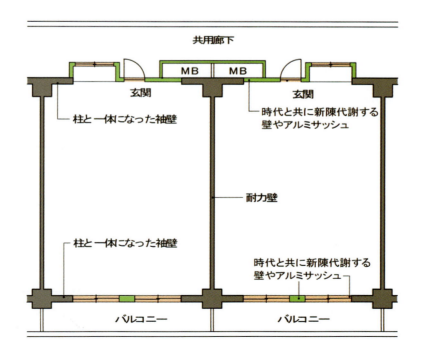

図2　外壁が新陳代謝するマンション。地震で非構造壁が壊れにくく作ると共に、壊れた場合取り替える事が出来るマンション。

2-⑩ 連続型の地震

- 耐震性能は一度限り、連続する地震では危ない。
- 補修の可能性の確認には、残存耐力の有無が問題になる。
- 残存耐力の診断方法の確立が必要である。

1. 多くの建物が本震で壊れた

熊本地震では2016年4月14日の前震で倒壊する建物は少なかった。4月16日の本震で幾つかの建物が倒壊し、あるいは層崩壊した。どちらも最大震度は益城町で7であった。ある住宅では荷物を取りに帰り、病院では応急患者を受け入れてから28時間後に本震が襲った。本震の発生は午前1時25分であった。異なる時刻であれば一層多くの被害者が出たであろう。

2. 耐震性は一度限り

新耐震基準の目標は「震度6強程度の地震が来ても、建物が倒壊しないこと」である。ただ、これは一度の地震に対してのみである。震度7の地震が狭い地域で28時間の間に二回発生することは、今まではなかった。しかし今回それが起こった。建築の専門家は二度目に倒壊したことに当然との意識を持つ。しかし、一般の市民はその認識をもっていただろうか。この点は専門家の説明不足があったといえる。

地震後の応急危険度判定は、建物の余震による二次被害の危険度の判定である。これは建物が地震力を受けた後で行われる。しかし地震が大きければ、判定に関わる行政や設計者が短時間で被災地に入り判定を行うことは難しい。熊本地震の28時間という間隔では不可能だった。この意味でも、「耐震性は一度限り」という事を、専門家は十分に市民に説明する必要がある。

3. 震度6強の地震で受けるダメージ

新耐震基準では震度6強の地震で倒壊にいたらない建物も大破や中破があり得る。まして旧耐震建物では、震度5弱でも大破するものもある。目安として、大破とは「柱の鉄筋が露出・座屈」、中破とは「柱・耐震壁にせん断亀裂」、である。こうしたダメージを受けた建物が二回目の地震を受ければ、一回目と同じ耐震性を期待できないのは明らかである。

被害の程度を表すのに、「大破、中破、小破、軽微」と「損傷度」の二つがある。損傷度では曲げ部材とせん断部材を別に損傷内容を区分している。この損傷

損傷度分類の目安

部材の損傷度	損傷内容	
	曲げ部材	せん断部材
I	近寄らないと見えにくい程度のひび割れ（ひび割れ幅0.2mm程度以下）が発生しているが、鉄筋の降伏は生じておらず弾性の状態	
II	部材として曲げ降伏し、部材端部に肉眼ではっきり見える程度のひび割れが生じている。（ひび割れ幅0.2〜1mm程度）	肉眼ではっきり見える斜め方向のひび割れ（せん断ひび割れ）が発生している。（ひび割れ幅0.2〜1mm程度）
III	降伏後の塑性化が進行し比較的大きなひび割れ（曲げせん断ひび割れなど）が生じているが、かぶりコンクリートの剥落は極くわずかで、コアコンクリートは健全で耐力低下は生じていない。（ひび割れ幅1〜2mm程度）	せん断ひび割れの幅が比較的大きくなり、複数発生しているが、かぶりコンクリートの剥落は極くわずかで、コアコンクリートは健全で耐力低下は生じていない。（ひび割れ幅1〜2mm程度）
IV	大きなひび割れが多数生じ、かぶりコンクリートの剥落や圧縮破壊が著しく鉄筋がかなり露出している。水平耐力は低下しているが、柱や壁では軸力は支持している。	せん断ひび割れの幅が拡大し、多数発生している。かぶりコンクリートの剥落や圧縮破壊が著しく鉄筋がかなり露出していることもある。耐力低下が生じているが、主筋やせん断補強筋の損傷（座屈・破断）はなく、ある程度耐力は維持している。
V	鉄筋が曲がり、内部のコンクリートも崩れ落ちるなど、部材耐力がほとんど残っていない状態。柱や耐力壁では一見して高さ方向や水平方向に変形が生じていることがわかるもの。沈下や傾斜が見られるのが特徴。鉄筋の破断が生じている場合もある。	

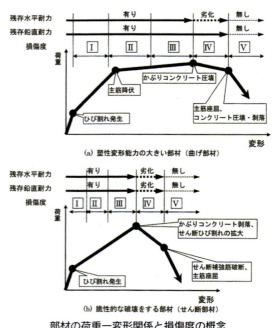

部材の荷重一変形関係と損傷度の概念

度がIVを超えると、残存耐力が劣化もしくは無くなる。これが建物にとって致命的か否かの境になる。

4. 補修の可能性

地震後には多くの建物が取り壊される。本当に補修不可能なほどの損傷を受けたものは当然である。しかし、施工や設計の不備を隠すかのように速やかに取り壊される建物もある。所有者の気持ちには再使用できるか、壊すべきか迷いがあるだろう。専門家がアドバイスする時の判断基準はどこにあるのか。

残存耐力の有無が問題となる。主要構造物の鉄筋やコンクリートが塑性変形域まで行っていれば、残留変形があり、建物の傾斜や階高の変化などにも表れる。地震以前の耐震性能を期待できない劣化である。今回の熊本地震の様に短期間の地震発生でなくとも、数年後、数十年後の地震では倒壊の危険性があることも忘れてはならない。

5. 耐震診断へのフィードバック

過去に地震を受けた建物の耐震診断のやり方には進化が必要である。残留変形の有無を調査し、診断する手法は確立されていない。経年指標では過去の火災歴を考慮しているが、地震歴は考慮していない。

大きな災害の再来期間は長く、人の経験則は伝承されない。連続型の地震は今後起こり得るパターンかもしれない。また、巨大地震は日本列島全体まで遠く地震波を及ぼす。東日本大震災では東京は震度5弱の揺れを受けた。長周期波は15分におよんだ。この影響が湾岸部のタワーマンションの高強度コンクリート造や超高層ビルのS造の溶接接合部にどんな影響を残したのか、検証方法の確立が必要である。

（安達　和男）

地震動の強さ （気象庁震度階級）	被災度区分 小破	中破	大破
5弱以下	×	×	×
5強	△	×	×
6弱	○	△	×
6強以上	○	○	△

○印：補修により復旧するもの
△印：原則として補修により復旧するが、補強による復旧も検討することが望ましいもの
×印：地盤調査や杭基礎の掘出し調査などの詳細調査により復旧の要否および程度を判定するもの

復旧の要否の判定

図表の出典：震災建築物の被災度区分判定基準および復興技術指針2015
日本建築防災協会

コラム

和田章東工大名誉教授が言っているのは、「スマホのアプリに加速度計（xyzの3軸）があるのですが、木造だったら、1階の床と2階の床、天井裏において、それぞれのスマホを通信で繋いで同じ時刻を刻めるようにしておいて、地震のない時でも外を通る車や電車などの揺れで計測すれば、この建物の周期は0.5秒だとか、どんなモードで揺れるか分かりますよね。それで、地震があった後に同じことをやれば、どれくらい筋違が外れているとか、合板の周りのビスが緩んでいるとかが、周期がのびたりモードが変わったりします。前とまったく同じであれば、これは大丈夫そうだとか、特別な機械を持っていなくても、お父さんとお母さんと息子のスマホ3台でできる。そんなアプリを売り出したらいいのではないか。加速度計は（iSeismometer）としてすでにありますが、これを連携させるとできそう。」

（リフォーム2016年7月号）

いずれの建物も4/16の本震で層崩壊した建物

2-⑪-1　壊れなかった木造建物 他

●当初益城町の木造倒壊が大きく報道されたが、その後国土交通省・日本建築学会の被害状況の精査に局所的例外を除けば、現在の2000年新・新耐震基準が有効であると結論づけられた。

　戦後、1950年（昭和25年）建築基準法が制定され、度々起こる地震の被害状況に基づき、今日に至るまで建築基準法は、必要かつ最低の基準として改正・強化されてきた。また同年に設立された現在の住宅金融支援機構（旧住宅金融公庫、旧建設省・財務省所管の特殊法人政策金融機関）でも、融資に際し担保すべき建物をより壊れない建物とする為か、住宅の耐震基準は毎年のように改訂され、レベルアップされてきた。独自に「公庫仕様」として耐震技術が示されたが、耐震の地域係数等の安心からか木造での最新の仕様は全国へ普及せず、一部地方では古い基準・慣習の施工方法のままだった。

　1981年以降の新耐震基準が見直される一方で、熊本地震被災地では2000年（平成12年）以降の新・新耐震基準の建物でも倒壊した建物と、被害の少ない建物が見られた。2000年に新設された品確法（国土交通省）では、現場での仕様の検査確認等、現建築基準法より厳しい技術基準（耐震等級）が定められた。熊本地震における益城町を中心とした事例を取り上げながら、壊れなかった木造建物を中心に考察してみたい。

1.　伝統工法　古くからの免震・制震建物

　スカイツリーの構造は約1300年前の五重塔の制震構造がモデルであると知られている。熊本市内の写真1は、重い二重の瓦屋根と土壁の山門であるが壊れなった。この建物の基礎部分は、下から基壇部分・礎石・礎盤の構成となっており、上部建物と基礎部分が絶縁している。その為、地盤の揺れに対し建物が連動せず、免震が働いたと考えられる。写真2について、基壇の基礎工法は、古い土蔵等の地業にもみられるが、地面を一定の深さまで掘り下げ、砂と粘土又はしっくい等を何層にも相互に突き固めて盛土した工法（版築）と思われる。被害宅地災害復旧の手法は、過去の長い歴史が示している。

　今回の調査で確認した、倒壊しなかった益城町の木造伝統工法の木造商家でも、同様に支持地盤が意識的に締め固められていたとも推察できる。約100年前に建てられたRC造+煉瓦積造のPS社の調査報告（調査事例28）の断面基礎図には、基礎部にピラミッド状にレンガを積み重ね、川側基礎下に松杭が打たれていた。また、約900年前の世界遺産アンコールワットの石仏遺跡は現在も調査が進められているが、基壇端部にも石材・ラテライトブロックが用いられ版築されており、古来の地盤への基本的な知識体系がうかがえる。アジア地域における地盤工学であった。

写真1　熊本市内RC造の建物6階建（右側第2Yハイツ）は倒壊したが、木造の山門は重い瓦屋根で土壁漆喰であったが壊れなかった。

写真2　写真1の山門基壇部分

益城町にRC造の納骨堂で全壊した建物がある(調査事例10)。木造寺院建築風デザインのRC造大屋根の意匠で造られているが、大屋根部を制震構造を考慮して施工していたらどうだっただろうか。薬師寺金堂再建に際しては、国・文科省により国宝の仏像保護を考慮し、主要構造をRC造とされたが、外観は法隆寺の修復にも携わった西岡常一の手により、木造で再建された。

　これから私達は、被災した木造建物を継続的に生活の場に復旧する方法を早急に示すべきである。今私達は、全ての建物を更新できるわけではない。しかし、今ある建物を環境を鑑みてどのように補強・再生するか、すみかに行動に移さなければならない。

2. 木造の法改正

　2000年(平成12年)に建築基準法の改正で木造が強化され、同年に品確法が施行された。新・新耐震基準の2000年以降の木造建物については、N値(構造)計算による建設省告示金物が接合部にビス等にて使用することとなったが、新耐震基準 1981年(昭和56年)では釘等による金物を基本として施工されてきた。木造住宅の現場検査は、上記旧公庫融資等の手続き確認が主であり、特に地方において2階建住宅等では一般的に、ほとんど仕様について検査らしいものはなかったようだ。釘・かすがい等は強い揺れにより緩んでしまう(せん断には強く、地震動1回に限っては簡単な制震とも考えられる)為、今回のように連続して起こる地震に有効ではなかった。

　今後、2000年以前の建物の補強について、主要構造耐力部の筋交接合部等はN値計算による金物・ビス等を基準として改修を行い、さらに1981年以前の建物の場合には壁量を1.5倍以上増やし、2000年耐震基準の金物補強等を全体的にバランスよく配置すべきである。築年数の古い建物では、木が痩せてボルトが緩んでいることが多いが、最近ではスプリング等が付いた座金で木の痩せに対し緩みにくい金物、新しく開発された制震・耐震補強等の金物がある。今回の熊本地震を期に既存木造建物への壊れにくい補強改修の手法が広がることを願う。

資料1　旧公庫・仕様書

品確法・標準仕様書

大規模地震と木造住宅に関わる基準の変遷

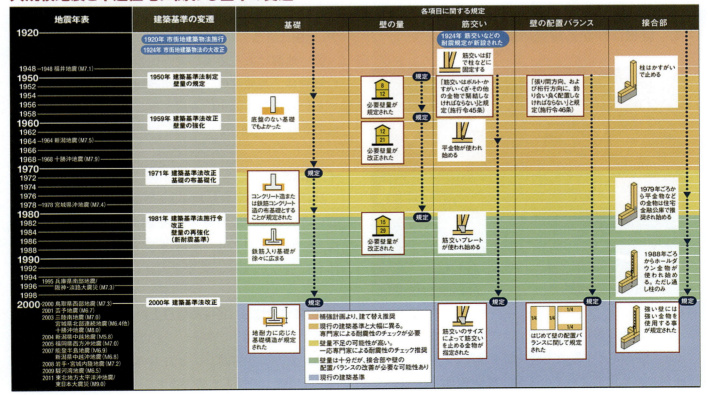

資料2　日経アーキテクチュア2016年6月9日号より

3. 増改築・リフォーム時の注意点

1995年の都市部で起こった阪神・淡路大震災では、1階部分を広い空間に改修・バリアフリー化等によりリフォームした建物や無計画な増築による建物の倒壊がみられた。2004年新潟県中越地震のアーケードのある商店街では、店正面が壁量不足により、倒壊した建物が多くあったが、今回の地震でも同様の倒壊がみられた。古い商店等は道路に面する店の開口を広くとる為、鉄骨梁等を入れている建物もあった。現場では発注者の求めに合わせて慣習によってつくられたのか、耐震技能を問わない倒壊建物も見られ、施工者のみの責任ではないようにも感じる。増築・改修時には便利で住みやすいだけでなく、耐震を考慮したリフォームが求められる。壁量計算・N値計算をした上で、無駄のない金物の設置と十二分な耐力壁の設置を勧める。古くは玉石・大谷石等の上に土台を載せた免震構造や、大工技能の高い制震軸組工法等もあったが、戦後豊かになった木造住宅の基礎は、コンクリート造となりアンカーボルトが用いられ耐震構造になった。地盤が不安な場合は、必ず基礎補強も行うべきである。RC造の益城町文化会館でも、既存部分の杭工事基礎と増築部の直接基礎の違いが傾きの原因となったと思われるが、阪神・淡路大震災でも同様の事例は、多くのEXP.J部の離れ等に表れ、損傷や建物床のレベル段差が生じていた。

4. 屋根にかかる設備荷重

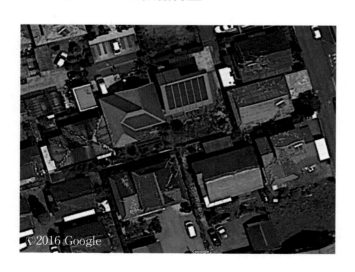

古い建物に後付けでバルコニー等増築・ソーラーパネル・温水パネル等の設備機器を設置した屋根は、南面側に多く設置されているが、建物南側は開放的な平面計画において開口部を多く取る為、上部に重い荷重がかかる分、下部1・2階への南側耐力（重量）は予想以上に増え、屋根のパネル等が敷かれた位置によっては平面的に偏り、建物のバランスが悪くなる。軽い屋根の一部分が、重い瓦屋根になるようなものである。建築後に設置する屋上の積載荷重は、特に1階部分の耐震を検討するとともに、将来、増設等の可能性のある荷重は、計画時に考慮する必要がある。

5. 地形について

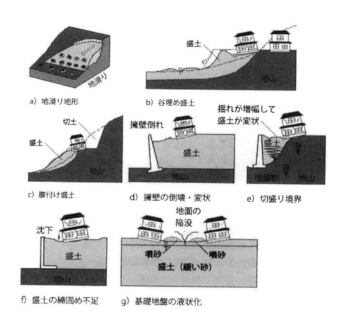

宅地の基礎地盤の地震被害のメカニズムによるパターン分類

資料6　出典　日本建築家協会・耐震総合安全機構編
「建築家のための耐震設計教本 新訂版」彰国社 2012年

ア. 水田の跡地

弱い地盤にあっても、計画補強された木造・S造の建物は、益城町の一般的傾斜地以上に地震周期等いろいろな条件の中でも耐えることが出来たことが証明された。（図g）

イ. 旧水系等

長い時間の中で自然現象として創られた大地を人工的に造成した人工地盤の場所では、約1000年に一度の断層の変動により旧河川・支流の埋立等、昔の地形の弱点が現れ、被害を大きくした。（図b・c・g）

ウ. 山麓堆積地形（谷埋め盛り土）

現状では表面的に理解しにくいが、斜面の下方・谷底等に上方より移動してきたものが堆積してできた地形、地耐力の調査を必ず要する。（図a・b・c）

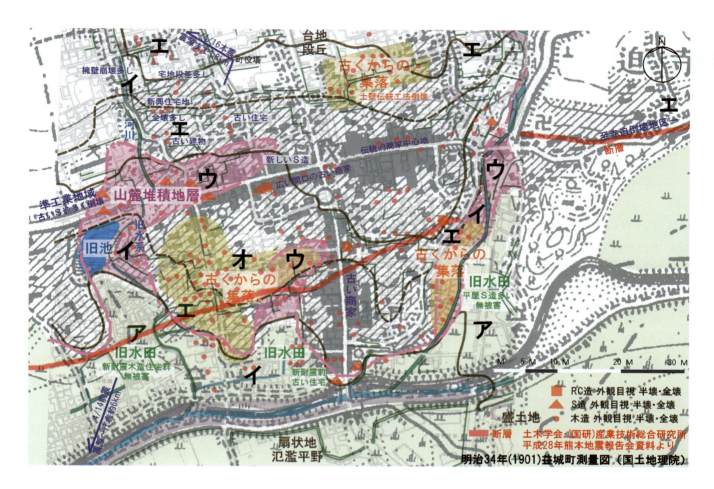
明治34年(1901)益城町測量図（国土地理院）

エ. 傾斜地

　火山灰でやわらかい土の為、大雨・豪雨となれば下方へ流出していく地質である。その為、高低差のある宅地では、しっかりとした土留をしなければならない。阪神・淡路大震災、新潟県中越地震でも同様の被害があり、石やブロックを積んだ擁壁やコンクリートもたれ式擁壁に多くの被害がみられ、耐震性の低さが確認されていた。1000年に一度の地震・記録的な集中豪雨等の災害が増え、被災地東北では津波対策として盛土が多く行われている今日、土石流・表土流出等に初心で対峙する時である。（図a・b・c・e）

オ. 局部的な地形

　古い地図をみると、昔は池や水田であった場所等に囲まれた地形変化部にあたり、丘の上の傾斜のある集落だったと想定される。この地域の複雑な地中基盤層等の凹凸縁などでは、地震動が局所的に増幅される為に、被害がより多かったことも考えられる。また、布田川断層帯の延長線上の断層（40cm程度の横ずれ）にも当たり、もし再建築するならば、地表亀裂分布の特異な地形を考慮した余裕のある耐震設計・免震構造等を必要とする地域である。

おわりに

　私達は壊れなかった建物から学び、今後の震災に活かさなければならない。熊本地震は、耐震性のある木造建物では倒壊をほぼ防ぐことが出来ると分かった地震であった。近年の地震は、地震以外の影響が大きかった。1995年（平成7年）阪神・淡路大震災では冬の早朝に発生した為、火災が被害を大きくし、2011年（平成23年）東北地方太平洋沖地震では、津波による被害が大きかった。私達は地形変動の中で起こる大地の営みの中で生活し「自然の力」に立ち向かい勝つことではない。建築は自然環境から人を守ることが基本であり、壊れなかった建物に見られるように、建設される場所にあった計画を行うと共に、繰り返される地震により見直され改善されてきた建築技術を活かさなければならない。また、建築物だけではなく、中越地震地盤変状の造成宅地被害を決して忘れてはならない。自然に畏敬の念をもち、いつ起こるか分からない災害に手遅れにならないよう行動することである。地震だけであれば人命を守る建物にすることができる。

（鯨井　勇）

2-⑪-2 益城町で被害を受けた建物・被害を受けなかった建物

- 被害の集中した場所は、地盤の変状等の要因が重なっていた。
- 2000年規定強化後の建物は、現在の耐震基準でも有効だが最低の基準である。
- 大雨・豪雨が報道されることが多い今の日本‥傾斜地の土留・盛土・表土の流出、土砂流の防止を。

　4月14日の前震（震源〜庁舎まで約6km）、4月16日の本震（震源〜庁舎まで約1.8km、M7.3震度7）により、断層亀裂が地上に多数表れ、2度の大地震が木造建物に多大な影響を与えた。前震・本震がどのように影響したかについては、各機関から多くの報告があげられている。現地調査を基に、国土地理院の古い地図等、Googleストリートビュー（震災前・震災後）を参考とし、活断層延長線上の益城町中心地におけるRC造・S造・木造の建物について、いくつかの疑問点や問題を考察する。左下の航空写真は、昭和31年の航空写真上に地形（等高線・水系・宅地段差・今回の地震による地表亀裂段差等）、倒壊した木造の建物をプロットした。

　益城町の宅地化は、昭和末期から拡大していくが、低地・傾斜地の造成工事は、建築基準法等に従い進められたものが全てではない。古い木造は接合部が釘・かすがい等による金物を使用したバランスの悪い建物が倒壊した。現在は小型化した電動工具インパクトドライバー等により、釘の代わりにせん断には弱いが、抜けにくく締まりの良い木ビス等が用いられ、N値計算された金物・耐力壁がバランスよく設置された建物が残ったと思われる。また、宅地における地盤・地質の軟弱性による擁壁崩壊等により建物が傾斜し、倒壊につながった建物も多くみられた。

　RC造の建物は、益城町役場北部の台地に多数建設されているが、外観目視では、ほとんど問題が無いように見受けられた。しかし、県道沿いの特殊な形態をした建物2棟、他1棟が全壊している。益城町文化会館は、増築部の基礎形状の違いにより、建物の傾斜が見られ、益城町総合体育館設備棟は、液状化等の影響で傾斜していた。

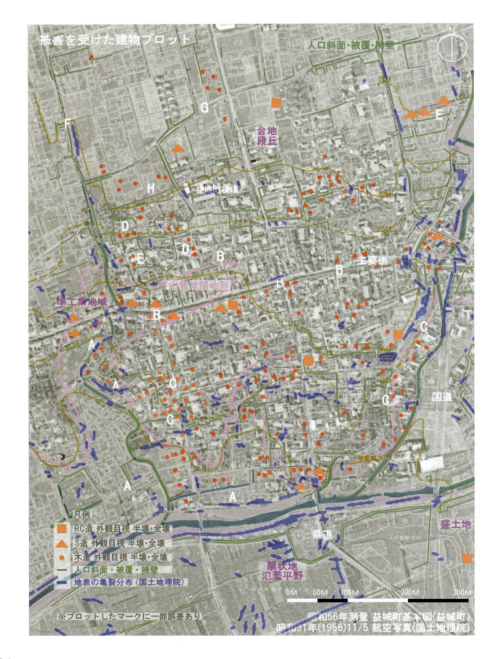

S造については、主要道西側の山麓堆積地形にあたる部分で、倒壊がみられた。この辺りは、活断層にも近く、断層変位等が生じた場所であり、本震の震源にも近い為、特別の周期があったようにも見受けられるが、築35年以上の新耐震基準前の建物であり、各接合部の基準等はもとより、地盤における杭・基礎等の配慮が欠けていたことも考えられる。(写真①②③)

　低層S造の建物は、水田埋め立て地帯等、地耐力が低い場合には、建物を軽くすることが、杭・基礎工事のコスト面でも理想であり、有効なバランスのとれた計画である。益城町のボーリング結果の一例によると、10MまでN値2程度の地耐力で軟弱な地盤である。その為、総合体育館の北側の旧水田地帯には、低層S造が多く建設されているが、今回の建物被害はほとんど見受けられなかった。写真⑤のS造の建物は、写真④RC造3階建が全壊し、倒れかかった為、半壊となった特異な例である。

　木造においては、江戸・明治期における集落の形成時から在る旧形態の玉石積擁壁の上に建つ塀・門・納屋等もあった。被害を受けた建物は工法的にも古く、自然の経年変化の腐朽や蟻害による影響も見受けられる。多くの木造建物が倒壊した地域ではあるが、良く計画された建物が、今回の地震に耐えたことも外観目視等の範囲で、右図航空写真にて報告する。また、国土交通省9月12日の報告では、益城町中心部の倒壊は新耐震基準(1981年)以降に建てられた建物で8.7%、新・新耐震基準(2000年6月)以降の建物で2.2%であった。今後、危険と思われるものは、重い瓦葺き屋根を軽い鉄板葺きにし、外壁においてもフック等による取付の新建材ではなく、耐震性のある面材に補強・改修すべきである。

●益城町　地域別事例

A. 旧水田・水系跡地

A1

明治期には池であった場所の下方、元河川の水系周辺に建つ住宅。右側道路は暗渠になっている。

A2

柱脚金物（2000年規定前）は施工されているが、壊れ方からして1階耐力壁の配置・バランスが悪かったものと思われる。再建築時には地盤調査の上、基礎等への配慮が必要。

A3

明治期の旧地形図では池に隣接し、旧水田跡に建つ住宅群。写真の奥側の緑が多く、地面が高くなっているようである。開発で同時期に4軒が分譲され、そのうち奥2軒が半壊している。

A4

現秋津川に隣接する元水田の平坦な造成地に建つ新しい住宅群はよく耐震化が配慮されているのか外観からは大きな損傷は見受けられない。隣接する向かい側の旧家の瓦屋根の納屋等が半壊・全壊しているようである。

B. 主要幹線道路に面する商家

B1

阿蘇方面から熊本城に向けて発展した木山城下、寺迫からの入口に位置し、古くからの主要な街道に面する商家で商業の旧中心地に位置する。建物は、伝統的な土壁等の工法でつくられており、3軒並びで残った。地中部分がどのように地固めされているか興味深い。

B2

商業地に面する古い商店である。中越地震の商店街アーケードで軒並み半壊した構造と同様に商店の正面計画が今回の倒壊原因と思われる。

木造商店のほとんどが道に面する間口が引違いサッシ等で、正面道路側に耐力壁が少なく偏心が大きい、間口を広く取る為に、軽量な鉄骨梁等が多く利用されていた。

庁舎南側の商業地中央に建つ大型の伝統工法デザインの建物は、木造建築のバランスのよいシンメトリーな建物である。傾斜地より尾根状のやや安定した地形の平坦地に建てられている。

C. 古くからの集落

もっとも木造建物の倒壊率が高かった旧宮園地区である。旧河川にも近く生活するには住みやすい環境であったが、地盤の変位が原因か。

多くの建物が倒壊した旧宮園地区の地蔵堂・公民館等がある古くからの集落である。地蔵堂の屋根は電柱により損壊したが、建物が軽量であるがゆえに形態が守られた例である。

屋敷を塀で囲み、母屋・納屋等が配置されており、道路に面する納屋を塀と兼ねたつくりにしていたと思われる建物の倒壊が多く見られた。倒壊した建物の多くの壁は土壁で、屋根は瓦屋根であった。土壁の外壁は、メンテナンスにより外装材は、鉄板等で覆い改修されたものも多い。

C4

敷地東側下方に迫川が隣接する地域。写真手前ブルーシートは文化会館擁壁が崩れた部分。

D. 新興住宅地

役場西の新興住宅地であるが、2～3軒ごとに同様の建て方をした建物グループが建っている。

左奥後方の3軒が同じ壊れ方の全壊で、建設方法に多くの問題を含んでいる。

E. 宅地段差（擁壁）

益城町は造成された段差が多数あり、宅地の崩壊が多く見られた。庁舎を初め、町全体に散在する盛土は、地質等を考慮した擁壁の耐震化が今後の大きな課題である。

床下の土が流れ出し、建物が浮いた状態である。

東北部辻の城地区で擁壁が崩れた様子であり、周辺で3軒のS造が半壊・全壊している。

F. 傾斜地

傾斜地では、造成地同様に擁壁等が崩れる被害が多くあり、応急危険度判定では、宅地に対して、要注意や危険と判定されたものも多かった。

G. 生活形態によるプランの影響

2000年以前の新耐震基準の建物。

大きな部屋を建具で間仕切り、何間か続けるつくり方、耐力壁が少なく鉄骨梁等で無理に空間をつくったものは、倒壊の危険が大きい。

住宅では2009年（平成21年）10月以降 住宅瑕疵担保による地盤調査が履行された。

空石積み擁壁・高さ2m超　　増積み擁壁・合計高さ2m超　　二段擁壁・合計高さ2m超
図5　耐震性が極めて低い違法な擁壁[3)]

出典：国土交通省都市・地域整備局都市計画課　2004年12月
「新潟県中越地震による被災宅地復旧のための技術マニュアル」

上図の擁壁は現在の法律・条例では認められていない為、既設のものに対しては、耐震補強等検討が必要である。

H. 2000年以降の新・新耐震基準の建物

周辺では擁壁のり面の損傷が見られたが、2000年新・新耐震基準後の建物でこれからの目標とすべき耐震の在り方を示す建物である。

おわりに、河川や傾斜地から離れた台地や傾斜段差の無い新興住宅地でも下の写真のように、ブルーシートが多く見受けられた。地域係数による低減によるものなのか、軟弱地盤における係数の割増が見受けられないこのような地域に関しては、よりバランスのとれた建物にすることが望ましい。氾濫平野における住宅地は、2度の大地震にも耐え、被害・影響が少ないものも見受けられた。今後は活断層線上に位置する環境を理解し、建築基準法耐震性能の最低1.5倍以上を確保した粘り強い設計・施工を実施してほしい。

（鯨井　勇）

2-⑪-3 南阿蘇村　学生向けアパート群他

- 木造2000年規定強化後の建物は構造に影響無し。日本中の強化前の木造アパートは耐震化を。
- 美装、リフォーム時には耐震改修も含めた検討を。

今回の地震により阿蘇山外輪山を含め周辺の山々では大規模な斜面崩壊が起こり、南阿蘇村の玄関口、黒川の谷80メートルにかかる全長約200メートルの阿蘇大橋（1971年開通）が崩落した。南阿蘇村には1980年に開校した東海大学があり、キャンパスには農学部学生約1000人が在籍し、約830人が周辺に住んでいたという。地域の組合に登録されている学生向けの下宿・アパート等は60件近くあり、南阿蘇村黒川地区には約50戸150名が暮らしていたと報じられている。

7月17日に現地調査を行い、国土地理院の古い航空写真等を元に、建物を年代別に整理した。下図、南阿蘇村の東海大に近い学生向けの下宿・アパート群に場所を絞り、建築年代・構造・地震後の建物の状況を表しまとめた。下記図に基づき、南阿蘇村の木造建築について、地震による被害状況を建築基準法耐震規定の変遷と共に、木造の建築年代別に考察する。

写真①の住宅は戦後まもなく建てられており、築約70年程度。写真②の住宅は、築約56年程度である。このエリアで最も古い伝統工法の瓦屋根・木造住宅であるが、形が良く今回の地震に耐えた。

写真③④は、平屋のアパートで1976年（昭和51年）頃建築されている。東海大学の開校1980年に向けての宿泊施設として使用され、その後学生向け等のアパートとしても使用されている。無筋コンクリート基礎時代の木造平屋建てである。建物被害は無かった。

1976年頃（昭和51年）建てられた木造2階建のアパートである。写真⑥接合部の仕様は、新築時の標準的釘のみで、他の金物は確認できなかった。改装されているが、建物は傾き程度で倒壊を免れた。

出典：国土地理院　航空写真　平成28年(2016)4月16日

写真⑦木造2階建の寮である。木造2階建部分は、中廊下型の棟からバランスよく左右のシンメトリーに平面計画されており、古い建物であるが、外観からは特別の問題はない。増築平屋部分（写真⑧⑨⑩）は、寮の共用部分として使用されていた。平屋部分は、建物が全体的に傾き、脆弱な建物である。特に基礎については簡易な造りであったが、上部が倒壊しなかった点において、免震的に働いたと思われる。

新耐震基準（1981）以降の木造2階建アパートである。新耐震基準では、旧基準に比べ必要壁量が1階においては約38％増えた時期にあたる。接合部は、釘・かすがい程度と思われるが、外壁が剥がれている程度で、外観目視では、構造材に影響は無いと思われる。

木造2階建アパートであったが、1階部分が全壊しており、写真は2階部分である。2000年以前の建物で基礎鉄筋の規定は義務づけられていない新・新耐震基準前の建物である。（写真⑬⑭）

地域のアパートでは最も新しいと思われる木造2階建アパートである。外壁の剥がれ等が見受けられたが、建物構造に影響は無いと思われる。柱頭・柱脚の接合金物を確認することはできなかった。（写真⑮⑯）

南阿蘇村の当該地域は、黒川の谷に囲まれ（Ⅴゾーン）、地盤は安山岩質溶岩、N値50の強固な岩盤の上に火山灰質の表土が1～2m載っており、地表には亀裂や表層崩壊等がいろいろな形状で起こっている。

Ⅰゾーンは、活断層亀裂が地表に表れており、活断層直上の建物は、建築年代・構造に関わらず、宅地・地盤のずれ落ち等被害が大きかった。ⅡⅢⅣゾーン（各高低差）は、長い時間の中で生じた傾斜地・なだらかな棚田であったが、地域の発展と共にアパートが増え、鉄筋コンクリート造の建物も多く見受けられる。

Ⅴゾーンは、東海大学の私塾が鉄筋コンクリート造で黒川の谷に沿って建てられていたが、地震によるがけ崩れで、建物は黒川側に傾斜した。Ⅲ・Ⅳゾーンの傾いた建物も、地盤が谷川へ動いた影響が考えられる。

上記写真⑰は、この地域で最も新しい2000年新・新耐震後に建てられた木造2階建の住宅と思われる。柱脚部に接合金物が確認でき、構造に影響は無かった。

最後に、南阿蘇村のⅠゾーン活断層が建物の中央部を横断したにも関わらず、被害を半壊にとどめた建物（写真⑱）が2軒あった。地域全体として、この建物の構造仕様以上を見習いたいものである。何れにしても地域係数に関わらず、今後は見栄えだけではなく、耐震性能（品確法）を通常の最低1.5倍は考えた建物補強を検討すべき地域である。

（鯨井　勇）

2-⑫ 柱と土台から 木造工法雑感

1. 益城町の住宅

　第2期調査期間に、益城町役場周辺で木造住宅の被害を見る機会を持てた。ごく一部ではあるが、役場北側の比較的新しい住宅群と役場東側道路を隔てた古い住宅群を見て歩いた。

　写真1、2は比較的新しい事例で、1階が傾いてしまった住宅である。柱は土台の上に載せられており、相互接続にV金物が使用されている。残念ながら金物は釘留めであり、ビスが使用されていない。このため土台側の釘は抜けてしまった。かろうじて1本がまだ残っている。土台と基礎コンクリートは、アンカーボルトでしっかり留められている。

　写真3、4は前の事例よりは古いと思われる平家の事例であり、倒壊はしていないが外壁が崩れ落ちている。この住宅の柱も土台の上に置かれている。

　木摺下地の外れた部分に筋かいが見える。土台を中心にシロアリの被害が確認できた。

　この2例は、土台の上に柱を載せる「土台勝ち」の事例である。

写真1

写真3

写真2

写真4

写真5、6は古い住宅群の事例で、全体的に損傷が少ないように見えるが、出隅部分の柱が土台からずれていることがわかる。この事例では柱は直接基礎コンクリート（恐らく無筋）に載っており、土台は柱間を埋めている。

　写真7、8は同様な事例で、建物全体が傾斜しており、外壁側も真壁造であることから土台と柱の関係がよく見える。

　写真5〜8の2例は、柱を基礎に直接載せる「柱勝ち」の事例となっている。

写真5

写真7

写真6

写真8

　今回見てまわった住宅の事例で共通していることのひとつは、基礎コンクリートには損傷しているものがほとんどなかったということである。ただし1棟、コンクリートブロック造の基礎があり、これは亀裂が入っていた。

2. 阿蘇神社

阿蘇神社の倒壊もマスコミの報道で話題となった。

概ね倒壊したのは拝殿及び周辺渡り廊下の部分であり、3棟ある本殿は軽微な損傷で済んでいる。

写真9

写真10

写真11

写真9～11は倒壊した拝殿のもので、写真10は抜けた丸柱の足元を写している。写真11は、丸柱の据えられている基礎部分の石組みである。柱は概ね抜けるか、ホゾが切断されている。柱の根元はその間に設置された土台を受ける仕口が彫られている。

拝殿及びその脇の渡り廊下の柱は基礎に直接据えられていた。

写真12

写真13

写真12、13は拝殿に連なる渡り廊下の倒壊した柱とその土台側接続部である。ここは、コンクリートによる基礎があり、一段盛り上がった部分に柱が立ち、薄い鉄板と鉄棒によって柱が留め付けられていたことが推察できる。しかし、サビによって金物は脆くなり、今回の地震で破断してしまっている。

写真14

一方、3つの本殿は写真14、15に見られるように地面から、基礎の石組み、その上の土台という順番に構築されたものの上に柱が据えられている。

写真15

　木造住宅においては、土台の上に柱を接続する「土台勝ち」が、柱を基礎に直接載せる「柱勝ち」より新らしい構法のように思われるが、神社については疑問が残ったため、調査後調べてみると以下の記述が見つかった。

　『柱の下に土台を持つものは流造・春日造に代表される。柱を地面に直接建てたり、礎石などの基礎を設置したりせずに、社殿の最下部に井桁を組み、その上に柱を建てる。これは社殿を移動させることを前提とした様式で、祭祀のときのみ社殿を設置し、祭祀を行なわないときには社殿を設置していなかったという、上古の祭祀方法の名残ではないかと言われている。また、「神籬」（上古の仮設の祭壇）が発展して、常設の社殿となったのではないかといわれる。
　流造・春日造のいずれも床下を壁で隠蔽している。これは神社建築一般の特徴でもあるが、社殿と設置された地面とのつながりに神聖性を求めることによる。言い換えると、社殿の神聖性の根源は置かれている場所に求めることができる。すなわち、神体とされる領域や磐座などの上に仮設の祭壇を置いて祀った神籬の形式を受け継いだものではないかということが、ここからも指摘できる。境内社や小祠に用いられる様式で、流造や春日造の階を省略して棚を付けた見世棚造という小型社殿様式があるが、これは省略形というよりはむしろ神社建築の原形に近いともいえるかもしれない。このように、起源を上古に求めることができ、「柱の下に土台を持つもの」は神社建築の中でも古い形式と考えられる。』（「神社建築」wikipedia）

　現代の住宅の歴史とは逆に、神社建築においては「土台勝ち」の方が古い工法であるようだ。

写真16

写真17

　最後に、写真17は、被害のない事例ではあるが、阿蘇神社特有の横参道の両端に建てられた木造の鳥居である。写真17はその柱の根元を写している。一定の高さの石材に穴を穿ち、柱がその中に据えられている。いわば鉄骨造の柱に鉄筋コンクリートの根巻きを施し、剛性を確保するのに似ている。残念なことに、両者の隙間にシールが打たれた模様であるが、雨水の侵入により劣化し、木材側に腐朽が進行している。

（菊地　守）

2-⑬ 構造的な問題（地震荷重）

● 震源近傍で非常に大きい加速度が観測されたが、現行の耐震基準は妥当か。
● 震源近傍でパルス的長周期波が観測されたが、直下型地震でも長周期地震動対策が必要か。
● 設計用地震荷重の作成に活断層マップは活用できるか。

1. 設計用地震荷重

　震度7を2回経験した益城町の木造は軒並み倒壊していた。また、震度6強の地域であった熊本駅周辺の旧いマンションは健全なように見えてもよく調べるとやはり損傷していた。しかしながら、被災地から少し離れると違和感を覚えるくらいに日常が続いている。この被害状況は建築基準法に定められた現行の耐震基準の想定通りと感じる。

　構造設計では設計用地震荷重のレベルをどう設定するかは基本的な問題である。普通は法に定められた値を用いているが、現行法は震度7ではなく震度6強で倒壊しないことを目指している。これは、過去の地震記録や地震被害から定められたものであるが、震源近傍の地震荷重のレベルは法をはるかに超えていることはよく知られている。また極端な場合には隣接する同じような建物でも被害状況が大きく異なるなど、耐震設計は運不運あるいは倍半分の世界だといわれる。

　大きな地震はめったに起こらないし、ちょっと昔までは震源近傍に地震計が存在することは少なかったが、最近は地震観測網が充実しており、熊本地震ではいくつかの貴重な観測記録が得られている。

　これらの記録をもとに地震荷重について感じたことを記述する。

2. 強震動記録

　4月14日に益城町で震度7の前震（M6.5）が発生した。kik-net益城（地表）の観測記録は、NS（南北）760gal、EW（東西）925gal、UD（上下）1399galと、いかにも直下型の地震らしく上下動が大きい。重力加速度（980gal）を超えているため地表のモノは飛び上がるほどの強烈な地震動であったと思われる。

　4月15日に南側の日奈久断層側を震源とする最大震度6強の余震（M6.3）があり、気象庁は長周期震度階で最も強い「階級4」と発表した。継続時間がわずか10秒程度の直下型地震でなぜ3秒程度の長周期波が混在できるのだ、と一瞬思ったが、震源域特有のパルス的長周期波である。

　震度7を最高ランクとする通常の気象庁震度階は主に木造や中低層建物など1秒程度以下の短周期構造物の被害を表すようにデザインされている。このため、例えば、震度3（建物被害は生じない揺れ）なのに、超高層ビルだけがよく揺れてエレベーターに被害が発生するなど被害状況と整合しないことがあった。このような不都合を解消するために、長周期構造物の被害を表す指標として2011年東日本大震災後に導入されたものである。それにしても長周期震度4（周期が1.5秒～8秒の範囲で、減衰定数h＝5％の絶対速度応答スペクトルSvが100cm/s以上）を記録したのは今度が初めてである。

　4月16日には益城町と西原村で震度7となった本震（M7.3）が発生した。布田川断層を震源とし、一部に正断層成分を有する右横ずれ断層で、14日の前震で中破であった多くの建物が大破・倒壊した。また、長さ28km、最大食違い量2mの地表地震断層が現れた。断層が地表に現れた場合には、断層周辺の変形は大きくなるが、短周期成分が抑制されるので通常の規模の建築物にはかえって安全側になることが過去の地震被害調査などから知られている。熊本でも1m～2mの変形がゆっくりと（長周期成分が卓越する単一に近いパルス波が）生じ、加速度は小さかったものと思われる。ただ、地震断層が地表にまで達するのは日本では多くなく、その影響を含んだ震源近傍の地震動波形は日本ではあまり観測されていなかったので、その分析は重要である。

　図1[1]は震源近傍で得られた本震の疑似速度応答スペクトルSv（速報値）であるが、益城町（震度7）の2つの地震計（気象庁およびkik-net益城）および西原村震

度計（気象庁）の記録を実線で表し、比較のためにJR鷹取（1995年阪神淡路大震災）と川口町（2004年中越地震）の記録を破線で表している。また、建築基準法に定められた現行の耐震基準のレベル（周期2.5秒以下の範囲）を地盤種別（表層地盤が岩盤など硬質な場合を1種地盤、埋立て地など軟弱な場合を3種地盤、それ以外の大部分を2種地盤と区分する）ごとに太破線で加筆した。熊本地震で観測された地震動のキラースペクトルとも呼ばれる1秒付近のピークは現行基準のレベルをはるかに上回っており、阪神・淡路大震災や中越地震で震度7とされた地域と同じ程度の強震動記録である。

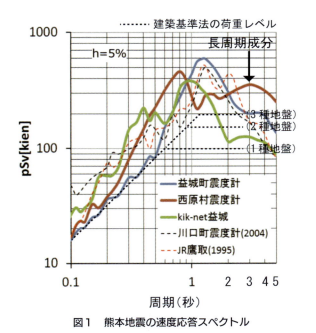

図1　熊本地震の速度応答スペクトル
（文献1に建築基準法の荷重レベルを加筆）

3. 震源近傍の強震動

木造や中低層建物の被害が集中したのは益城町であった。

図1で、益城町震度計（益城町庁舎の1階に設置されていて建物の影響がある）では最大$Sv \fallingdotseq 600$cm/sであり、700m程度しか離れていないkik-net益城（地表）の最大$Sv \fallingdotseq 400$cm/sと比べると50%も大きく、また、スペクトルの形も異なっている。震源近傍では、強震動特性を表現する震源特性・伝搬特性・サイト特性のうち、震源特性が支配的となるが、サイト特性の影響も大きく、距離が近くても地震荷重は大きく変動する。

ところで、14日の前震直後に調査に入った研究者がポータブルの地震計を益城町周辺の地表に臨時設置して、見事に16日の本震を観測している[2]。この記録（速報値）はkik-net益城のスペクトルと調和的であり地震断層に近いほど大きくなっていた。特に益城町庁舎の南側でほとんどの建物が大破であった地域では1秒付近の加速度応答スペクトルSaが非常に大きいこと（3000gal〜5000gal程度）が特徴的である。益城町に生じた2度目の地震動がこのようだったとイメージすると、被災状況のリアリティが増す。

ところで、このような激甚被災地でも大丈夫な建物もある。人命保護を目標とする現行の耐震基準は短周期建物に靭性を組み込むことで、大破・倒壊を防止しており、震度6強に対応できるとしているが、その実力はもう少し大きいように思われる。建物をしっかり造ることが前提であるが、設計用地震荷重を割り増すなど、もう少し頑張れば震度7に負けないような感じがする。

4. パルス的長周期波

図1の西原村震度計（地表設置）は周期3秒付近で擬似速度応答スペクトルSvが300cm/sを超える長周期成分を観測している。

長周期地震動は、2003年十勝沖地震で苫小牧の石油タンク火災が起こり、2011年東北地方太平洋沖地震で首都圏や大阪湾岸の超高層ビルが大きく揺れたことなどから一般に注目されるようになった現象である。このような長周期地震動は主にM8〜M9級の巨大地震（主に海溝型地震）で生じるもので、継続時間が600秒程度と長いのが特徴である。震源が遠いので影響はそれほど大きくないと楽観視もできるが、超高層建物や免震構造などの長周期構造物については影響が大きく、次の海溝型巨大地震（南海トラフ巨大地震）に対して長周期地震動対策することが、最近、義務付けられた[3]。

一方、2000年頃から、活断層を震源とするM7級の直下型の地震でも、継続時間は10秒程度と短いが、特定の条件では長周期地震動が発生する、との地震学者からの警告があった[4]。震源断層が浅く、破壊伝播が観測点に近づいてくる場合、Forward directivity（前方指向性）効果により、周期1秒〜2秒以上のやや長周期の震動で、断層直交成分が断層平行成分より卓越するパルス状の波形が現れる。パルス的長周期

波とも呼ばれており、活断層近傍のごく狭い領域に出現する。短周期の中低層建物には影響しないが、免震構造では応答変形が免震クリアランスを超えるほど大きくなって衝突する恐れがあり、超高層ビルではその下層部に足払いをかけられたような急激な横変形が生じる。

さて、2016年6月に国土交通省が示した長周期地震動の設計用擬似速度応答スペクトルSvの最大値[3]は、例えば、静岡や東海地域では、3秒付近でSv=160cm/sであるのに比べても、西原村の記録(Sv≒300cm/s)は異例に大きい。

ところで、熊本の免震構造(30棟弱)には大きな被害は無かった、と報告されている[5]。全振幅で90cmとなった阿蘇の病院もクリアランスのゆとり内に納まっていたが、片振幅で1mを超える応答が生じると予想されるこの地震動とは整合しない。

これまでも地震記録と震害の程度が整合しないことはいくつもあった。特に、気象庁震度が阪神淡路大震災の後で計測震度に変更されてから、震度7と発表された観測点周辺の被害が少ないなどから、計測震度の計算式がこのままでよいのかとの議論があったが、西原村も震度7と発表された周辺の被害程度は大きくない。

直下型地震でも長周期地震動対策が必要か、は多面的に考えなければならない課題である。

5. 活断層マップの活用

日本にはいたる所に活断層があり、M7級の内陸活断層型の地震はどこにでも発生する。このため、日本の全ての建物には厳しい耐震基準が適用されている。一方、狭い範囲であるが、震源域に発生する強震動(震度7と表現されるが、これは青天井である)は現行の耐震基準のレベルをはるかに超える。この強震動に負けない方法の一つは設計用地震荷重のレベルを上げることである。

カリフォルニア州の耐震基準には震源近傍係数(near sauce factor)があり、活断層からおおむね5km範囲で地震荷重を割り増している。

大阪市街地にある上町断層周辺で超高層ビルや免震構造を設計している関西の構造設計者は、「法をはるかに超えたレベルの地震動」への対策を提言し、いくつかのゾーンに分けてパルス的長周期波の影響も考慮したサイト波を作成し、実建物の設計に適用している[6]。

建物の耐震等級を上げることは、とくに活断層周辺では有効である。ここで、耐震等級は「住宅の品質確保の促進等に関する法律」に定められたもので、耐震等級1は設計用地震荷重として現行基準を用い、耐震等級2および3は、その1.25倍および1.5倍と割り増すものである。

東京をはじめ日本の多くの都市は沖積層に覆われていて活断層の位置が明らかでないことが多い。しかしながら、日本には明確な活断層も多く、国や地方自治体が作成している活断層マップや地震ハザードマップはずいぶん充実してきている。このような活断層マップをもう少し活用できないかと思う。

特定の活断層が動くのは千年〜万年の単位である。このため、地震地域係数もそうであるが、地震荷重は確率論的に扱われることが多い。しかし、発生確率の低い大地震動は、震源を特定したサイト波とするなど、確定論的方法を併用するのが望ましい。

活断層マップを建築制限などのネガティブ情報として用いるだけではなく、設計用地震力の作成に活用したいものである。

(長尾 直治)

[参考文献]
1) 応用アール・エム・エス株式会社、平成28年熊本地震災害調査レポート(速報)、2016年4月
2) 秦吉弥、地震動・地盤震動、平成28年熊本地震被害調査結果速報会、土木学会、2016年4月
3) 国土交通省、超高層建築物等における南海トラフ沿いの巨大地震による長周期地震動対策、2016年6月
4) 久田嘉章、震源近傍の強震動、第29回地盤震動シンポジウム、日本建築学会、pp99-110、2000年
5) 国土交通省 国土技術政策総合研究所、平成28年熊本地による建築物被害第九次調査報告(速報)、平成28年6月
6) ㈳日本建築構造技術者協会関西支部、大阪府域内陸直下型地震(上町断層帯地震)に対する建築設計用地震動および設計法に関する研究、平成23年7月

益城町役場のある高台の南、畑地に断層が現れている。

益城町役場の屋上から北を見ると、多くの住宅が被災している。

2-⑭ 設備的な問題

● 【建築設備耐震設計・施工指針】に基づく設計・施工は、幾つかの条件のもと、規定を満たせば大きな地震に対して有効な耐震対策であることを確認した。

1. 現地調査の目的

熊本地震による建築設備の被害実態調査及び設備的な問題の把握を目的とし、2016年5月30日～31日及び同年7月17日～19日に亘って現地調査を行ったのでその調査の概要を報告する。第一次・第二次現地調査した地域別の調査日程と調査物件は、前掲したJASO被害調査の概要を参照されたい。

2. 熊本地震と阪神・淡路大震災、新潟県中越地震、東日本大震災の地震被害比較について

熊本地震の特異性を把握するために、これまで経験した過去の大きな3つの地震「阪神・淡路大地震」、「新潟県中越地震」、「東日本大震災」と熊本地震との比較分析を行った。表1に比較一覧を示す。

3. 熊本地震による設備被害

現在実施している耐震診断・設計・施工では、【建築設備耐震設計・施工指針】（監修：独立行政法人建築研究所、編集：建築設備耐震設計・施工指針2014年版編集委員会、発行：一般財団法人日本建築センター）を指針として運用・実施している。今回の熊本地震は前震（M6.5、震度7）と27時間後の本震（M7.3、震度7）の2度の大きな地震発生があったことから、上述した指針に基づいて設計・施工されていたか否かを、設備被害の現地調査を実施することで、地震対策としてその有効性が担保されているかの検証をすることにしたものである。

第一次・第二次現地実態調査による給排水設備、空調設備及び電気設備の各被害の状態を表2地震による設備の被害として写真1～写真11に記す。

表2　地震による設備の被害

写真1　受水槽が移動・破損、接続管の破断	場所：益城町（前震：震度7、本震：震度7） 建物：益城町役場（昭和57年竣工）小破
状態：敷地内に設置のFRP製パネルタンク（有効：25㎥）の非耐震型の受水槽は、地震により基礎とチャンネルとのボルトが外れ、受水槽本体は移動し、パネル面はスロッシング現象により破損した模様。接続管は折損。	

表1　熊本地震と阪神・淡路大震災・新潟県中越地震・東日本大震災との比較

項目	阪神・淡路大地震	新潟県中越地震	東日本大震災
地震発生年月	1995年1月17日㈫	2004年10月23日㈯	2011年3月11日㈮
	熊本地震：2016年4月16日㈭		
地震発生時間	5時46分	17時56分頃	14時46分頃
	熊本地震：01時25分頃		
地震の形態	直下型　マグニチュード7.2	直下型　マグニチュード6.8	海溝型　マグニチュード9.0
	熊本地震：海溝型　マグニチュード7.3		
深さ	明石海峡深さ20km	上中越沖 約20km	三陸沖深さ24km
	熊本地震：熊本県を震源とする深さ12km		
震源位置（断層の破壊開始点）	淡路島北東約3km付近（北緯34.6度、東経135度）	新潟県中越地方（余震を含め、北北東―南南西方向に長さ30km）	牡鹿半島の東南東130km付近（北緯38.1度、東経142.9度）
	熊本地震：（北緯32.45度、東経130.46度）		
震度階：震度7を記録した地域	神戸市須磨区から西宮市にかけての長さ20km、巾約1km範囲と宝塚市などの一部	新潟県川口町	宮城県栗原市
	熊本地震：熊本県益城町が前震（M6.5、震度7）と本震（M7.3、震度7）の2度を記録		
最大速度：カイン	200 - 300 カイン（cm／s）	130 カイン（cm／s）	100 カイン（cm／s）
	熊本地震：92 カイン（cm／s）		
地震の被害	ほとんどの人が即死で家屋倒壊による死者が8割以上．木造家屋の倒壊被害が目立った．津波被害はなし．	山村部を襲った直下型．集落は散在のため人的被害は少ないが道路・ライフラインの被害大．多くの集落が孤立。津波被害はなし．	92.5％の死因が津波による水死．青森県から千葉県までの計561km²が浸水し，東北地方太平洋側の海岸線が一部沈没．
	熊本地震：①4月14日のM6.5、震度7の前震の27時間後にM7.3、震度7の本震が発生。益城町で加速度＝1,580ガルを記録。②震度1以上の地震は、約2週間で1千回を超えた。③横ずれ型と正断層型の地震が両方あった。④木造家屋に大きな被害を与える1～2秒の周期と細かく揺れて土砂崩れにつながりやすい0.4～0.6秒周期の揺れが強かった。⑤断層の影響、地盤の変位。		
住家被害全壊　半壊　一部破損　建物火災	104,906棟 144,274棟 390,506棟 7,574棟（2006年5月19日　消防庁確定）	2,867棟 11,122棟 92,609棟 9棟（2005年1月12日　消防庁調べ）	128,874棟 245,557棟 679,841棟 281棟（2012年3月1日　警察庁調べ）
	熊本地震：住宅被害全壊　8,198棟／半壊　29,761棟／一部破損　138,102棟／非住家被害　公共建物　311棟／その他　2,473棟／分類未確定分の住家被害数　23棟（熊本県）／火災　16件（2016年9月14日現在消防庁情報）／水道　7月28日　断水解消済【最大44万5857戸断水（各自治体の最大断水戸数の累計）】／都市ガス　4月30日　全戸供給可能／電気　4月20日　送電完了		

写真2　地盤沈下による埋設配管の破断	場所：益城町（前震：震度7、本震：震度7） 建物：益城町総合体育館（平成10年竣工）軽微
状態：建物外周部の地盤沈下による地中埋設部の排水管の破断、その後に配管を新設し復旧した。	

写真3　屋上給水配管の移動	写真4　配管の折損
場所：熊本市西区（前震：震度6弱、本震：震度6強） 建物：マンション（昭和49年竣工）倒壊 状態：置き基礎支持のため配管が移動。＜矢印＞右の耐震基礎支持の旧配管は移動無し。	場所：熊本市西区（前震：震度6弱、本震：震度6強） 　　　マンション（昭和49年竣工）倒壊 状態：1階構造体崩壊により配管は破断。

写真5　空調吹き出し口の落下	写真6　配管の破断
場所：益城町（前震：震度7、本震：震度7） 建物：熊本空港ビル（平成11年竣工）軽微 状態：地震により空調吹出し口が落下。吹出し口のフェース面を取り外した状態で運用。	場所：熊本市東区（前震：震度6弱、本震：震度6強） 建物：マンション（昭和52年竣工）倒壊 状態：1階構造体崩壊により空調室外機は変形。配管は破断。

 写真7　空調室外機が転倒	 場所：益城町（前震：震度7、本震：震度7） 建物：益城町公民館（竣工年は不明）軽微
状態：建物外周部の地盤上に設置の空調室外機は転倒。バルコニーの袖壁に設置の空調室外機は脱落。	
 写真8　キュービクルの移動 場所：益城町（前震：震度7、本震：震度7） 建物：益城町民体育館（昭和50年竣工）中破 状態：地震によりキュービクルを取り付けたアンカーボルトが抜けて、移動。	 写真9　壁損傷と壁内電線管 場所：熊本市西区（前震：震度6弱、本震：震度6強） 建物：マンション（平成13年竣工）中破 状態：壁内電線管が壁損傷に影響を及ぼしたと想定される。
 写真10　エキスパンション部の電線管の破断	 場所：益城町（前震：震度7、本震：震度7） 建物：益城町立木山中学校（昭和56年竣工）小破
状態：建物と渡り廊下部のエキスパンション部に設置した電線管は、余長が足りず破線。	

写真 11　配管の破断	場所：益城町（前震：震度7、本震：震度7） 建物：益城町役場（昭和57年竣工）小破
状態：油タンクへの給油ポンプ接続配管にフレキシブル継手がX・Yの両方向になく、地震により配管が移動。	

4. 熊本地震による設備被害発生要因

　熊本地震による設備被害は、上述した建物以外の他の建物に於いても、建物周辺の地盤変位及び施工不良による建物導入部での給水引込管、排水管及び排水桝の被害が顕著に見受けられた。

　現地調査により明らかになった熊本地震での設備の被害発生の主たる原因を①〜⑤に挙げることができる。

① 耐震上はこれまで考慮してはいなかった大規模の地震（前震：M6.5、震度7と27時間後に発生した本震：M7.3、震度7）が2度、発生したことにより設備の被害が発生。
② 軟弱な造成地に立地、また盛土に立地したことから液状化による地盤の隆起により設備の被害が発生。
③ 建築設備耐震設計・施工指針（2014年版）に準拠しない施工により設備被害が発生。
④ 建築設備耐震設計・施工指針（2014年版）の施工方法に則ってはいるが、施工そのものの不備・欠落があり設備の被害が発生。
⑤ 構造体が地震に対して強度不足であり、崩壊等により設備の被害が発生。

5. まとめ

　地震による設備被害を軽減し、また被害防止に有効な設計・施工とするには、耐震設計・施工のハード面・ソフト面での両面で捉えることが肝要である。今回の現地調査等で得た知見を今後の耐震設計・施工・診断に活用すべき以下に提言として記す。

① 一般財団法人日本建築センター刊（2014年版）の「建築設備耐震設計・施工指針」及び公益社団法人空気調和・衛生工学会刊の「空気調和・衛生工学会新指針　建築設備の耐震設計　施工法」に基づく設計・施工は、大きな地震に対しても有効であることが現地調査で確認できた。これら設計・施工に基づき実施すること。但し、地震地域係数（Z）については、同規模の大きな震度が前震と本震とで発生することもあることから、設備機器の地震力の算定にあたってZ=1.0から低減する場合には、よく検討することが必要である
② エキスパンションジョイント部の機械設備には、X・Y・Z方向の変位を吸収する変位吸収管継手を設置すること。また、電気設備には、X・Y・Z方向の変位を吸収する余長を有した配管・配線の施工を行うこと。

②飲用関係の水槽は、地震に強い材質の【鋼板製一体型】の設置が有効である。但し、SUS製の貯水槽では壁面と内溶液が連成して振動するバルジング現象が発生する場合もあるので注意すること。

③飲料用水槽に接続される配管には、緊急遮断弁を設け、非常時の必要な水の確保を図ること。

④天井材と天井材の取付け工法は、今後それぞれ多様化することから、天井面に取り付ける設備器具類は、新工法による施工方法を検討しておくこと。

⑤建物への導入部における設備埋設物（給水管・排水管・ガス管・消火管・電路管・排水桝等）は、建物周辺の地盤沈下・隆起による移動・転倒・倒壊の被害が無いように、構造躯体から緊結した支持・固定とした設計・施工とすること。また、十分なフレキシブル性を有すること。

⑥緊急時に災害対策拠点となる施設に設置される熱源機器システムについては、空冷式であること、長時間の燃料確保が図られること、また非常用発電機も具備し長時間運転の可能なハイブリット自己完結型の設備システムを構築しておくこと。

⑦壁内電線管打ち込みの場合には、壁の断面欠損を補強する壁厚の増加、或は鉄筋補強等について構造担当者との協議を要す。また壁内を避けシャフト内敷設または露出にするかは意匠担当者との協議とする。

⑧地震被害を受けた地域住民の避難場所となる「指定緊急避難場所の施設」、または「指定避難所の施設」及び避難所運営に向いている学校に設置される「給食施設等」については、被災後も維持できる建物及びその設備として耐震化を図ること。

（堀尾　佐喜夫・仲村　元秀）

2-⑮ 市町村庁舎の耐震性

- 庁舎に必要な耐震補強は後回しされていた。
- しかし地域防災の司令塔として庁舎は強くあるべきだ。
- 庁舎のBCPの再点検を。

1. 地方公共団体の役割

日本国憲法第94条によると「地方公共団体は財産を管理し、事務を処理し、及び、行政を執行する権能を有し、法律の範囲内で条例を制定することができる」とあり、また権能として「地方公共団体は、その事務を処理するにあたっては、住民の福祉の増進に努めるとともに、最少の経費で最大の効果を挙げるようにしなければならない」とされている。

自治体は、より住民の日常生活に密接に関わりながら、地域における事務を総合的に行なう業務を担っている。

2. 行政サービス拡大と庁舎の増・改築

市町村などの基礎的自治体は、地域住民と接点が近く、業務の範囲は多岐にわたる。その基礎的自治体の業務を行う拠点として、市町村庁舎は存在する。近年、行政サービス向上を目的に行政の役割は拡大し、また、平成11年～平成18年の「平成の大合併」により地方公共団体の機能・権能は集約された。（※熊本県の市町村数は94→45となった）

翻って地方公共団体の庁舎（建物）は、予算が限られるため既存の建物を使い続け、合併による業務の拡大と庁舎の拡大は必ずしも比例するように大きくはならなかった。先に挙げたように「最小の経費で最大の効果」を挙げるよう法律で定められていることからも、必要最低限の増築・バリアフリー化に対応できる施設・設備を増設、及び、増築して凌ぎ、旧耐震基準の庁舎を建替える余裕は無いに等しかったと思われる。

熊本地震で被害を受けた庁舎を調査したところ、いずれも旧耐震基準時に建てられた建物であり、益城町庁舎を除き耐震補強工事を行っていなかった。

3. 司令塔となる庁舎の耐震化は後回し

地域避難拠点である小・中学校や体育館を中心に耐震補強工事が優先的に行われ、庁舎の耐震化は後回しにされた。予算的な理由もさることながら、市町村の合併により行政サービスの対応に追われ、庁舎の耐震化は後回しとされた可能性が高い。各市町村は庁舎の耐震性に関し、耐震診断を行い、建物の耐震性は把握していた。しかし建物の建替えか、耐震化かを議論する段になって、熊本地震が発生し、庁舎が被災した。地域的に台風災害が多く、地震災害は比較的少ない地域で有ったためか、対地震については議題の後方になったと思われる。

今後、庁舎の被災状況を検分し、建物を使い続けるのか、建替えるのか議論が有るだろう。その議論の中で市町村庁舎は地域防災の司令塔としての役割をもう一度議論し、災害に強い庁舎としなければならない。学校や体育館も地震などによる災害時の大切な避難拠点であるが、今回の地震では、緊急災害時の司令塔たる市町村庁舎の被災は、地域災害の司令塔となる行政の機能不全となることが確認された。

4. 機能不全・使用不能に陥った原因
　　～建物の耐震性と、設備の耐震性～

今回、我々が調査を行ったのは以下の4市町村庁舎である。

- ・益城町庁舎　・宇土市庁舎
- ・大津町役場　・八代市庁舎

被災状況は大破～小破まで様々であったが、構造躯体が大破し使い続けられなくなるような被災状況は宇土市役所を除き、確認できなかった。但し、これは建築物の構造躯体の被災状況である。

建物内に入ると、雑壁にヒビが入り、天井仕上げ材は落ち、書類は散乱し、電気・水道は通っていない。電話も通じず、通信手段は限られていた。そのような状況で災害地域対策拠点として機能は果たせず、被災者が押し寄せても対応できず、災害ボランティアの割り振りもままならず、災害物資は滞った。地震発生後約1ヶ月は混乱が生じた。

5. 市町村庁舎の総合的な耐震性と対震性能

建物の耐震性の確保とは、地震災害時、人命を最優先とし取り組んできた。しかしながら、庁舎の被災状況を調査すると、建物自体は修繕を行える範囲であったと思われるが、機能不全により災害活動拠点としての機能は失われていた。庁舎はその特殊性から持続可能な拠点として対震性能を向上させなければならない。電気・通信は途絶えないよう非常用発電機を具備し、上下水道、ガス、消火管はフレキシブル性を有するようにし、地盤沈下による追随性を確保するなど、最低限の災害対策拠点として機能が失われないよう、総合的な建物の耐震性の確保と、行政機能の持続性を踏まえた対震性能の向上を測ることが重要であると考える。

6. 庁舎BCP（事業継続性）の再点検を

以上の述べたことをまとめれば、熊本地震からの教訓として、行政庁舎のBCPの再点検の必要性がみえてくる。

①庁舎建物の耐震性は首長はじめ職員の生命を守れるレベルになっているか。東日本大震災では多くの行政関係者が亡くなっている。

②行政データのバックアップはおこなわれているか。さらに想定地震域外の遠隔地でのデータバックアップをおこなっているか。

③代替庁舎施設の想定があるか。宇土市、大津町では隣接駐車場にプレハブ庁舎を建設した。都市部では利用空地の想定や借り上げ庁舎の想定が必要である。

④支援受け入れ計画が立案されているか。被災後の支援職員、支援物資、ボランティアの円滑な受け入れは計画が無いと立上げに時間がかかる。

■熊本県各市町村庁舎の被害状況

○益城町役場庁舎（1980年竣工、2013年本庁舎耐震補強：経年37年）

耐震診断結果：不明

アウトフレームによる耐震補強

本庁舎と分庁舎をつなぐ渡り廊下が被害を受けた。

被害状況
- 庁舎周辺の地盤沈下、敷地西側法面崩落
- 1階、2階に外付けアウトフレームにて補強。外付けフレームと接続する梁にせん断亀裂を確認
- 本庁舎と分庁舎に架かる渡り廊下が損傷
- 2016年5月1日、建物の安全性が確認、電気・水道が復旧。

○宇土市役所庁舎（1965年竣工：経年51年）

耐震診断結果（平成15年度）：Is値＝0.6の半分以下

宇土市役所外観

芯が斜め45度となり偏心している※GoogleMapより

被害状況
- 4階部分が層崩壊（建物形状による固有の問題か）

○大津町役場庁舎（1969年10月竣工：経年49年）

耐震診断結果（平成16年度：Is値＝0.18～0.61）

本庁舎と増築部分　　　　　　　　　※GoogleMapより

既存庁舎（RC造）と増築部（鉄骨造）部分

被害状況
- 新庁舎と旧庁舎間のエキスパンションジョイント（EXP.j）の被害
  ⇒建物の揺れ方に違いが発生
- EXP.jが切り良く設置されていないため、部屋内の天井・床が破壊された。
- 外壁・天井仕上材、一部剥落

○八代市庁舎（1965年竣工：経年44年）

耐震診断結果（平成16年度：Is値＝0.18～0.40）

八代市役所の外観に目立った被害は無い

本庁舎を閉鎖するお知らせ

被害状況
- 本庁舎に壁や柱に亀裂
  ※庁舎が閉鎖中だったため詳細は不明

（三木　剛）

2-⑯ 医療施設の被害と耐震対策

- 構造体の耐震性能により安全と診療環境を確保する。
- 2次部材や設備の耐震性能が医療継続につながる。
- 中小規模の病院にも医療BCP（災害時医療継続）の普及が望まれる。

耐震総合安全機構（JASO）医療BCP委員会では、地域住民の医療を担う中小規模の病院における医療BCP（災害時医療継続）について、施設整備手法の確立に取り組んでおり、被害が集中した益城町の医療機関、熊本市内の災害拠点病院などの視察を行った。

最初に熊本の医療についての特性を整理すると、（表1）のように全国平均を大きく上回る病院数、病床数を有し、医療環境は充実しているといえる。その反面、多くの医療機関は昼間人口が多い熊本市内に偏在しており、地域格差の是正が課題と言われている。また県内の医療施設の耐震化は進んでおらず、2015年の耐震化率は62.6%であり、全国平均の69.4%を下回る41位であり、既存施設の耐震化が急務である。

表1　医療機関比較表
（日本医師会　地域医療情報システム）

	人口10万人当たり	
	病院数	病床数
熊本市（中央区・東区）	12.66	2100.60
益城町	12.24	1395.52
東京都（23区）	4.68	886.19
全国平均	6.62	1214.25

熊本市、益城町共に全国平均を上回る病院数、病床数である。また熊本市の病床数は突出して多い。

1. 医療施設の被害状況

我々が視察したのは発災の約1.5ヶ月後であり、多くの医療機関で診療制限を行いながら復旧作業が行われ、通常医療への移行が進められていた。施設の被害は一般的な建築物と大きな違いはないものの、ガラスや仕上材などの2次部材、及び設備関係の被害例が多く、施設性能へのダメージより医療環境の低下を招いていた。これは地震発生直後から災害時医療を開始し、患者や職員の生命と安全を守らなければならない医療施設においては、構造体の耐震性に加え2次部材や設備の耐震性も重要であることを示している。

具体的には震源に近く被害が集中した益城町において、敷地造成が行われた施設などに写真1・2のような地盤と建築物の接続部の被害が多くみられた。これらの施設では給排水配管の破損により水道やトイレが使用できなくなるなど、衛生面での機能低下を招いている。また被害が町全体に及んでいるため、復旧作業が進まず仮設トイレを使用している医療機関も存在していた。

写真3・4はエントランス付近における地盤の段差やガラス被害である。これらは患者の避難や救助活動、負傷し施設を訪れる住民にとって障害となり、2次的な被害を招く要因ともなる。

その他、医療施設の被害として比較的多いものは、エキスパンション部分の破損である。築年数や耐震特性、構造種別が異なる建築物をエキスパンションで繋げて使用しているため、施設毎に様々な被害が見られる。写真5はRC造とS造のエキスパンション部分に生じた設備部材と外壁の破損である。この医療機関では他の被害もあり診療科目を制限した運用が行われていた。

写真1
敷地の沈下による設備配管破損部の復旧状況

写真2
地盤と設備接続部の修復作業が進められている。

写真3
エントランス周囲の地盤被害

写真4
エントランス部分のガラスの破損

また、これらの被害例と同様に見える被害においても、施設規模や診療科目、敷地条件、建築物の耐震性などにより、発災後の診療への対応や復旧スピードは、施設毎にさまざまであると感じた。医療施設の復旧においては、各施設の特性に合った対応や大規模な災害を想定した事前の施設整備が重要と考えられる。

2. 医療BCPを取り入れた病院の被害例

　医療BCPに取り組んでいる病院の被害例を検証したい。写真6・7は2012年に竣工した比較的新しい病院であり、熊本地震では震度6強1回、6弱2回、5弱2回の揺れを受けている。病棟プランは図1のように近年多く見られるセンターコアから四方に病棟が伸びる形式であり、被害はその先端のガラス窓や構造スリット部に集中している。このことは病棟の最端部に大きな変形が生じたものと考えられ、その他の構造スリット部分においても破損が多いことから、地震による構造体の被害は受けにくいが、2次部材の破損による施設性能の低下や負傷者などを生む要因が潜んでいると考えられる。そのため、医療施設においては、構造体の変形を小さく抑える耐震設計やより多くの変形に追従できる2次部材の在り方など、施設面での対策が今後の課題と言える。

写真5　エキスパンション部分の破損に追従した2次部材と設備部材の破損

3. 避難生活を支える医療機関の役割

　患者や職員を安全に守る医療施設は大地震発生直後から機能する必要がある。特に高齢化が進行する地域は、慢性疾患を抱えたり、身体機能が低下した住民が多いことから、患者に身近な存在である地域の医療機関のサポートが有効である。

　また熊本地震では避難生活の中でエコノミークラス症候群の発症が報告されたが、これまでの震災においても様々な要因で発災後の健康被害が報告されている。被災生活においては生活環境の変化や天候、気温の寒暖などにより住民の健康維持が課題となっている。そのために災害時に稼働できる地域医療機関の整備と医療ＢＣＰの普及が求められる。

（森本　伸輝）

写真6
廊下端部の壁面の状況、適度に構造スリットが設けられているが、その部分の外壁の破損や投下端部のガラスの破損が見られる。

写真7
センターコアから伸びる廊下端部のガラスの破損

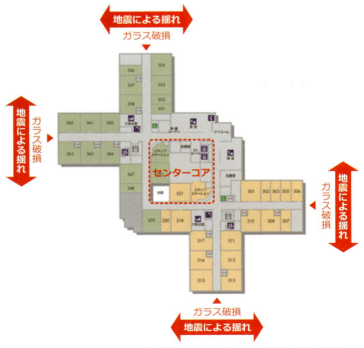

図1　センターコアタイプの病棟におけるガラスの破損と変形の傾向

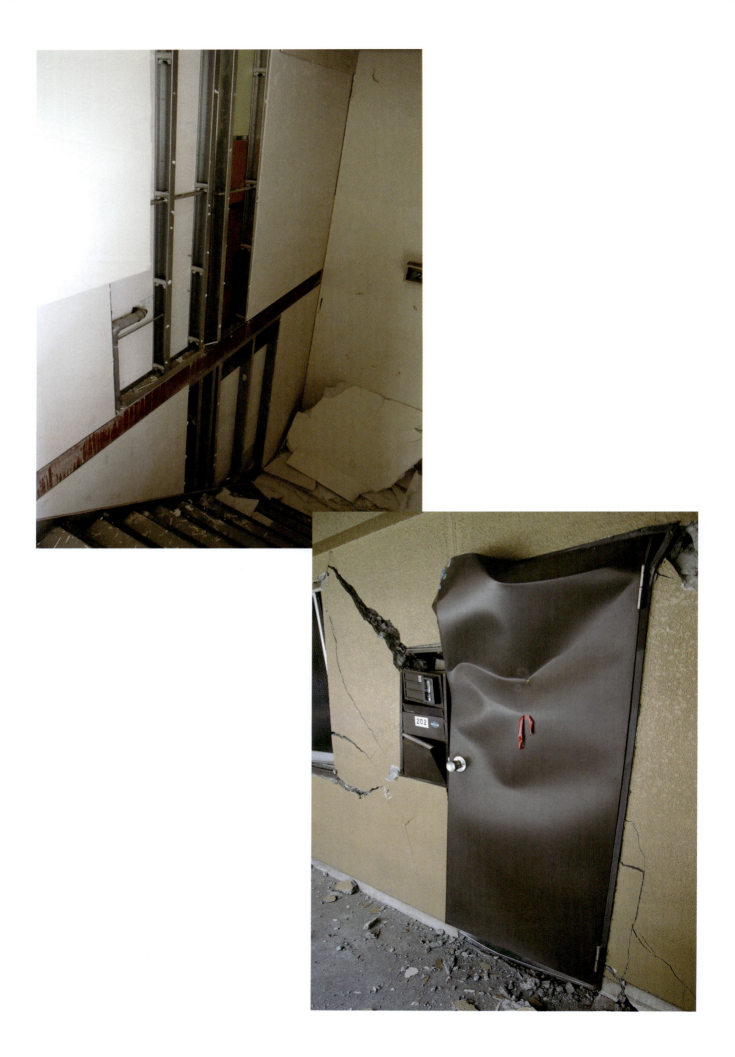

3 提言へ

熊本地震とは何であったか

1. 熊本地震

2016年4月14日、熊本県上益城郡益城町を震源とする震度7の地震があり、続いて4月16日には震源の深さ12km、M7.3のさらに大きな地震が発生した。

この後、震度6強〜5クラスの余震が2〜3ヶ月近く続き、10月には阿蘇山が噴火した。一連の地震は日奈久断層帯、布田川断層帯で発生し、死者は50人に達した。

2. 熊本地震調査

地震発生直後から、現地の被害状況を、マスコミ、建築学会や各大学建築調査隊、国交省研究機関の速報などの情報を集め現地調査の準備を始めた。調査隊は耐震診断を実践するJASO会員、耐震診断、補強・改修計画・設計に取組む建築家、構造・設備設計技術者で構成するURD会員、及びJIAメンテナンス部会員とし、現地の旅行社にバスと宿泊施設の手配を依頼した。調査の主な対象建物は主に地震で被害を受けた鉄筋コンクリート造建築物とし、調査地域は日奈久断層帯、布田川断層帯の周辺地域の熊本市、益城町、南阿蘇村、宇土市、八千代市、大分県湯布院町などとした。

第1次調査は、5月30日、31日、18名で益城町、熊本市、宇土市を中心に、43件を調査した。第2次調査は、7月17〜19日、17名で南阿蘇町、湯布院、大津町、八代市、宇土市、熊本市、益城町で、39件を調査した。

我々の関心は一つ一つの建物地震被害の現れ方とその原因や弱点を観察し、修復・復旧の可能性を考えることであった。

3. 鉄筋コンクリート造建築物の地震被害と人命損失

熊本地震による鉄筋コンクリート造建築物の地震被害は300棟ほどに達すると言われる。また、この構造形式の建物の地震被害による死者の数はゼロであった。死者50名の多くは木造家屋の倒壊、圧壊によるものである。

4. 建築年代別の地震被害

1995年1月に発生した阪神淡路大震災では、鉄筋コンクリート造建物の建設年代別の地震被害が明確に現れた。

1971年建築学会基準改定以前の第1世代の建物と、71〜1981年新耐震設計法までの第2世代の建物と、新耐震設計法以降の第3世代の建物で地震被害に明らかな差が現れた。この結果、新耐震設計法以降の建物の耐震性には問題がなく、これ以前の時期に設計された建物が耐震診断の対象建物となった。

今回の熊本地震による鉄筋コンクリート造建物被害は、阪神大震災の時ほど明確に設計年代別の差異はなかった。

宇土市営入地団地1号棟　ピロティ損傷

Jマンション平成駅前一番館　ピロティ損傷

むしろ、新耐震設計法以降の建物の地震被害が目に付いた。

5. 新耐震設計法以降の建物の地震被害

次のようなタイプの新耐震設計法以降の集合住宅、マンションに顕著な地震被害が現れた.
① 「宇土市営住宅1号棟」「Jマンション平成駅前一番館」に象徴されるピロティタイプの集合住宅。新耐震設計法以降の建物であってもピロティ型集合住宅は建物の耐震性に問題がある。
② 「Xマンション熊本駅南」に象徴される変形が大きい「靱性型設計」の高層ラーメン構造マンション。10階建て前後の高層ラーメン構造のマンションで、層崩壊せず人命が確保できた。しかし、帳壁・雑壁にとどまらず耐震壁も激しく壊れるなど被害が甚大になり、復旧に多額の費用を要し、解体除却せざるを得なくなる。
③ 以上、2つのタイプの新耐震設計法で設計された建物は構造計算書を再チェックし、「人命確保」だけでなく大地震時に被害を最小限にくいとめ、「建替えず、軽微な補修で修復可能」な程度の補強をする必要がある。

6. 集合住宅・マンションの地震被害

① 壁式構造の集合住宅には、地盤の液状により傾斜した1棟の建物を除いて、地震による被害は全く見られなかった。建設年代が1971年以前であろうと、1981年以降の新耐震以降であろうと共通にいえる事である。集合住宅マンションには壁式構造が推奨される。
② ピロティ型住棟は地震被害が特に顕著である。新耐震設計法以降に建設された建物にも共通して言える。
宇土市・市営住宅1号棟のように団地計画や地域計画上、開放的ピロティ空間が必要な場合、バランス感覚が良い建築計画や構造計画を建築家、構造設計者が相互に意思疎通し、計画を練り上げる必要がある。
③ 変形が大きい高層マンション
10階建て前後のラーメン構造の高層マンションは相間変形が大きく、大地震時には壁に亀裂が多く発生する。靱性型の設計は大地震時の被害が甚大になり修復・復旧が不可能になる場合が多い。

7. 被災度判定を実施すべきである

被災地の鉄筋コンクリート造建物は全て「応急危険度判定」は実施されているが「被災度判定」が実施された形跡が見られない。1981年の新耐震設計法以前の建物は行政が「応急危険度判定」を実施し、地震による被害を丹念に調査し、「中破」「軽微」な被災度の建物は積極的に補強し、永久復旧により建物を長期に使いつ続けるべきではないか。

現地では「応急危険度判定」だけしか行わずに、解体・除却している建物が目に付いた。多少被害が出ただけで、補強・復旧すれば長く使い続けられる建物を除却してしまうのは極めて無駄で勿体ない話である。

Xマンション熊本駅南　雑壁損傷

Vハイツ　1棟が傾斜

8. 建物の耐用年数を延ばす必要がある

①科学的根拠もなく鉄筋コンクリート造の建物の税法上の耐用年数：償却年数を法務省は40年に短縮した。

適切に打設されたコンクリートは中性化の進行が少なく、メンテナンスをしっかり行えば、2～300年の耐用年数は得られる。

②熊本の住宅政策や住宅建設の担当者は何ら科学的根拠のない40年の償却年数を鵜呑みにし、壁式構造の住棟を廃屋にして、高層住棟に建替えようとしている。

③建替え中の健軍団地では、建替える前の壁式構造住棟には全く地震被害は発生していない。が、建替えられた高層住棟では多くのせん断亀裂が発生している。

④健軍地域では全く地震被害のない多くの壁式構造住棟が窓にベニヤ板が張られ使わないまま放置されていた。一方、行政は多額の復興予算を透過して数千戸の仮設住宅を建設している。全く勿体ない話である。

⑤八代市では、被害の少ない市庁舎を、Ｉｓ値：0.72に満たない（0.6ではない！）ので危険と断定し、市庁舎の建替え計画を推し進めようとしている。地震にかこつけた即断即決である。

⑥税法上の耐用年数を撤廃し、既存建物を100年以上、長期に使いつつ続けて行くメンテナンス市場を、地方都市・熊本に定着させる必要がある。

衰退が進む地方都市の再生は、フローからストックへの転換なしには語れない。

9. 地盤と建物被害と修復技術

益城町と宇土市に建物被害の現れ方に差異が認められた。

益城町では鉄筋コンクリート造の建物に被害が見られなかったが、木造の家屋には甚大な被害が発生していた。

一方、宇土市では木造家屋に殆ど被害がないが、鉄筋コンクリート造の建物に地震被害が発生していた。

この違いは地盤の違いによるものと思われる。

益城町の道路は舗装道路の路盤面が波打ちひび割れや斜面の崩れが多く見られ、宇土市では舗装道路の路盤面の暴れやひび割れ、斜面の崩れは見られない。

①益城町の鉄筋コンクリート造建物の地震被害

益城町では「杭基礎」の建物と「直接基礎（杭がない基礎）」との間に地震被害が顕著に現れた。

益城町営住宅や町役場のように旧耐震設計の杭基礎の建物には地震による被害が見られなかった。一方、町営総合体育館の付属棟や、益城町文化会館の低層棟のように、新耐震設計法以降の鉄筋コンクリート造の平屋建てで直接基礎の建物には、建物が傾斜するなどの被害が見られた。

②地盤の液状化による杭被害

JR上熊本駅より約400mほど南で、震央から西北西、9kmの位置に、中層5階建て階段室型住棟が5棟で構成される分譲集合住宅団地がある。

この団地では建物廻りに白い粒状の粒子が噴出していて、5棟の内1棟だけが傾斜していた。

Ｏマンション若葉　外壁のせん断破壊

益城町庁舎　耐震補強済で小破

これは地盤が液状化し基礎杭が折れて建物が傾斜した事例である。

③傾斜地に建つ鉄筋コンクリート造建物の杭被害

　震央から北西4kmの、熊本市東区保田窪のなだらかな傾斜地に建つ高層マンションでは、高い地盤の土圧を受け建物が傾斜した。この傾きは地中の基礎杭が押されて変形したものと思われる。

④傾斜建物の修復工事

　杭が折れたり地盤が悪くて傾斜した直接基礎の建物を水平、垂直に復元するにはアンダーピンニング工法がある。建物の自重を活用して鋼管杭を支持地盤まで打設し、建物を水平に復元する工法である。熊本でもこの工法により復元することが期待される。

⑤崖地に建つ建物の被害

　崖崩れで谷底に崩落した南阿蘇大橋の上流.300mの崖際に鉄筋コンクリート造4階建ての東海大学学生寮が建っていた。敷地地盤から渓谷の下まで約70mの落差があり、建物は崖側に約8°程傾斜して建っていたが、建物の上部構造には被害は見られない。この建物の杭の長さは70m以下と思われる。

　崖地の地盤が崖側に崩落する寸前にとどまり、建物の崩落が免れたと思われる。この建物を修復するには崖から離れた安定した地盤の場所まで「曳家」する方法が考えられるが、高度な技術が要求されよう。

⑥活断層の真上に建つ建物被害

　震央より西北西、1.5kmの位置に建つ9階建ての賃貸マンションで、その位置や建物の向きから、建物は活断層の真上に建っていたと思われる。この建物は、通常のパターン：「帳壁・雑壁破壊」→「耐震壁破壊」→「柱破壊」→「建物倒壊」の壊れ方のパターンと異なる。

　この建物の壊れ方は「基礎梁破壊」→「1階の床スラブ被害」→「1階の帳壁破壊」→「2階の床梁破壊」と言う順に壊れていっている。

　この壊れ方から、この建物に加わった地震力は鉛直方向の縦揺れの方が、水平方向の横揺れよりも大きかったのではないかと思われ、鉛直方向の地震力が加わった場合に受ける被害を示す貴重な事例と思われる。

　この建物は解体工事が始まっていたが、できれば基礎張や杭頭被害を調査しながら丁寧に解体工事を進めると、貴重な資料が得られるであろう。

（三木　哲）

宇土市庁舎　倒壊

八女市庁舎　建て替え計画へ

3-② 災害発生後の住家被災調査

　自然災害発生直後には、災害救助法の指定を判断する被害状況全般のための被災調査、被災地の住家が当座、居住可能か否かを確かめる二次被害防止を目的とした「応急危険度判定調査」、その後当該市町村が罹災証明書を発行する基礎資料として各住戸の被災程度を調べる「住家被害認定調査」等がある。一方これ等の無償公的調査とは異なり、被災建物の復旧のため、所有者が直接専門家に依頼する有償の「被災度区分判定調査」が有り、一方建築学会などによる独自の被害調査もある。特に被災者の避難の必要性を即座に判定する調査が、「応急危険度判定調査」であり、早ければ被災翌日には始められ、被災住家内での生活の継続が可能か否かを判定し、その建物の修復可能性の判定は対象ではない。今までにも危険とされた建物でも修復継続使用された例は多く、RC造の杭が破損し大きく傾き、危険とされた5階建ての公営住宅ですら修復された例も有る。能登半島沖地震では、ほぼ倒壊し危険と判定された木造民家群が復元修復され、伝統的建造物群保存地区に指定された例もある。以下に重要な調査の内容を簡単に記す。

1. 被災建物応急危険度判定

　この調査の目的は、被災した建物・住居での居住の可否判断で、建物の倒壊危険性を主に判定して行われ、給水などのインフラに関しては判定対象外である。判定対象は、木造等の一般住宅と10階程度までの非木造建物であるが、現在は高層住居が多くなり、今後は10階以上の建物の判定も対象となるであろう。地震災害は余震を伴い、本震で倒壊しなかったが、余震では倒壊の恐れのある建築物も危険とされ、住民は、避難所への移動が勧められる。今回の熊本地震では、阿蘇山周辺の集落が落橋により給水管が流され、給水車も運行できず、生活が不可能と判定され、建物被害の有無にかかわらず避難所への移動が認められた。従ってこの調査は、被災後ただちに(翌日などに)行われる。住居・小規模商店などには当該市町村から調査員が派遣され、非住居などの建築物は所有者が専門家に直接依頼する。特に公的避難所は、優先的に調査される。この調査の結果は3種のみに分類される。即ち、居住可能、専門家の調査が必要、ただちに退去、の3種であり、各々調査済み、要注意、危険とされ、告知紙の色により、緑紙、黄色紙、赤紙と呼ばれ全国で統一されている。

　この調査は昔、各専門者により個別に行われてきたが、多くの人が参加でき、公平な判定のため標準化され、地震前に判定者は講習などにより判定基準を学ぶようになった。

　歴史的には1980年の南イタリア地震で被災判定が組織的に行われ、以来各国で標準化がすすめられた。日本では1992年には神奈川県などで制度化され、兵庫県南部地震で初めて本格的に実施された。その後全国被災建築物応急危険度判定協議会が組織され、全国的に判定士を確保し、被災地には各地からも派遣できるシステムが構築されている。

　また安全確保のため、対象建物自体は被害もなく安全であっても、隣家が倒れこむ可能性や隣接したビルからの落下物の恐れがある場合も危険と判定される。

　この判定作業は被災直後に行うので危険でもあり、現在では民間の判定士にも保障制度が完備されている。また判定に反して、居住者に事故が起きた場合の対応としては、USAでは、判定士は医者などの専門家に適用される"よきサマリア人の法"すなわち専門家による緊急時の善意の判定は罰せられないという、医師などに適用される規定を、自治体と建築家の団体が結んでいる。日本では依頼した自治体が保障することになっている。

　実際の活動は安全を確保するために、通常2人1組で調査し、朝、昼、夕は集合場所に戻る。東日本大震災や熊本地震の様な大地震の場合は、多くの判定士を確保しなければならない。東北では被災当日に各建築関連団体に支援依頼の連絡が有り、同日夕刻には打ち合わせを行ったと言われている。東京都などは大地震時には対象戸数が膨大になり、多くの判定士が必要となるため、10,000人以上の判定士を確保し各区別に連絡網を作成している。一方、現在別種

の調査である被災認定調査と応急危険度判定調査を同時に行えるシステムも研究開発されている。このように今後の調査方法も改良されるであろう。

参考に調査書の一部を記載する。
判定結果　判定に至った経緯が記載されている。
（日本建築防災協会）

現状で居住可能

専門家に調査を依頼、結果により判断

直ちに避難

早朝の判定士会議・各判定士の担当地区等の打ち合わせが行われる。（内野輝明 JIA）

実際の判定作業　一人が判定し、一人が書類に記載している。（内野輝明 JIA）

特に危険のない場合は、調査済みの緑色の紙が貼られる。（岡部則之 JIA）

前面に破損が有り、詳細な検査が必要と記され、当座は避難を勧める。（岡部則之 JIA）

危険の判定で、即座に避難所に向かう。（岡部則之 JIA）

右の住宅は、ほとんど無被害であるが、左側のビル壁の落下の恐れにより危険とされた。（岡部則之 JIA）

2. 被災認定調査

　被災者への公的支援のための調査であり、現在は生活再建支援法に基づく「り災証明書」発行に必要な調査で、罹災者の「り災証明書」発行請求に基づき、市町村によって行われる無償調査である。生活再建支援法により被災者に給付される支援金は、被災程度に応じて支援される基礎支援金、住居の再建法に応じて支給される加算支援金がある。基礎支援金の申し込みには、被災程度が記載された「り災証明書」と住民票が必要になる。但し住民票を移していない被災者には、電気料金の支払い証明書などにより生活している実体を示せば、支援金を得る例も多い。加算支援金はさらに契約書などを添付する。その他義援金の供与なども「り災証明書」が必要となり、金銭的支援にはすべて「り災証明書」提示が要請される。

　「り災証明書」には被災の程度を全壊、大規模半壊、半壊、と分類され、基礎支援金は、全壊(100万円)、解体(100万円)、長期避難(100万円)、大規模半壊(50万円)であり、加算支援金は、住宅の新規建設か購入(200万円)、補修(100万円)、賃貸(50万円)が支給される。各市町村は「り災証明書」の発行申請を受け、申請住戸の被害程度を調査し支給金額を決定する。この調査を「被害認定調査」といい、内閣府により全ての調査項目と判定基準は「災害に係る住家の被害認定基準運用指針」に定められている。即ち経済的損害から算定する場合、損害割合が50％以上に達したものは全壊、同様に40％以上50％未満を大規模半壊と認定し、20％以上50％未満を半壊と認定する。20％未満は半壊に至らないとされる。この判定基準により大規模半壊以上は基礎支援金が支給されるが半壊以下は対象外となる。一方大規模半壊でも、半壊でも解体すれば、解体費は全壊と同じ扱いになる。この結果、修復できる住居も解体されるケースが多くなった。

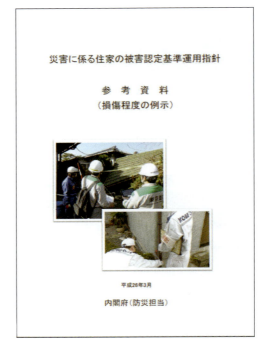

津波被害の認定調査（岡部則之 JIA）

津波被害の認定調査（岡部則之 JIA）

調査は、1次調査は外部からのみ判定され、被災者の申し入れによって行われる2次調査は、外部と同時に内部調査も行われる。2次調査で不服の場合は、3次調査も申し入れできる。この調査で問題になるのは半壊と大規模半壊のボーダー線上の被災住居であり、2次、3次と調査が複数回行われるケースが多い。

対象になる災害は、当初は地震、洪水が規定され、現在では風害と地盤被害も追加された。判定員には応急危険度判定員のような資格は無く、1次判定は行政担当者（特に土地家屋の情報を持つ税務課関係者）により行われることが多いが、2次や3次調査は被災者の要望により建築関係諸団体から1級建築士が派遣される例が多い。

その他の調査

3. 震災建築物の被災度区分判定

被災者が個別に専門家に復旧を目的として依頼する有償調査であり、判定基準は「日本建築防災協会」により定められ、講習を受けた建築の専門家・構造1級建築士、1級建築士等が判定士として担当する。判定は被災認定とは異なり、構造部材の層間変形角や、柱梁などの損傷率や損傷状況を損傷度（0〜V）、損傷区分（無被害・軽微・小破・中破・大破・倒壊）などに分類し、耐震性能残存率により、被災建物の修復性を判定し復旧の目安とする。この調査により、被災建物がどの程度修復・補強すれば継続使用が可能か判定出来る。即ち本調査は被災後の最も重要な調査であり、判定有資格者は日本建築防災協会に登録され、公開されているこの名簿を確認して委託する。しかしながら、被災地の現状は、混乱の中、専門家の検討もなく修復可能な建物が解体されることが多い。今後は公的機関によるこの判定の周知と、判定のための公的助成が望まれる。

4. 被災宅地危険度判定調査

被災住宅地敷地の盛り土の流出や液状化による地盤の危険度を判定する無償調査である。判定は、危険宅地、要注意宅地、調査済み宅地の3種類に分類され、同様に緑紙、黄色紙、赤紙に記される。この調査も被災直後、当該市町村から危険個所に自動的に派遣される。

5. 損保協会による被災調査

全損・半損・一部損壊など、主に躯体を対象に判定される。判定基準は損保協会独自の基準で運用される。

注：（　）内は撮影者名

（岡部　則之）

3-③
マンションは改修して住み続ける事が出来る
－震災復旧への道筋を時間軸で考える－

　鉄筋コンクリート造の建物は、骨組みとなる柱や梁などの構造部材の損傷が無ければ、耐力を期待していない非構造壁が損傷しても、直せば住み続けることが出来る。震災前の備えと、震災復旧への道筋を時間軸で考える。

　5月31日第1回調査時に崩壊していた店舗付賃貸マンションは、地震から3ヵ月後の7月18日第2回調査時にはほぼ解体され、1階部分が残っているだけだった（写真1・2）。ところが、分譲マンションにおいては、崩壊したまま人が住んでいないマンション（写真3・4）、ピロティの柱や梁のかぶりコンクリートが剥がれる程度で、柱や梁の被害は部分的で軽微だが、非構造壁が大きく壊れ調査中のマンション（写真5）、非構造壁が壊れ、復旧への道筋が立たない中、生活のため住民が次々に引っ越ししているマンション（写真6～8）も見られ、先行きが見えない中で現地の混乱は続いていた。

1. 倒壊・崩壊させてはいけない

　今回改めて、構造耐震指標 Is 値＜0.3 の建築物は「倒壊し、又は崩壊する危険性が高い」という言葉の重みを実感した。倒壊した建物は、結局取り壊されてしまう。住んでいる建物が取り壊されると言うことは、財産を失うだけで無く、生活への影響は計り知れず、家族やコミュニティに問題を生じる。

　1981年以前に設計された旧耐震基準のマンションは、耐震診断を行い、Is＜0.3「倒壊し、又は崩壊する危険性が高い」、0.3≦Is＜0.6「倒壊し、又は崩壊する危険性がある」という結果が出た場合は、地震動に対して必要な耐震性を確保しているとされる、Is≧0.6「倒壊し、又は崩壊する危険性が低い」状態に、

写真1　5月31日
倒壊した店舗付き賃貸マンション

写真2　7月18日
解体中の店舗付き賃貸マンション

写真3・写真4　倒壊したマンション
分譲マンションは倒壊しても解体に手続きが必要で、時間もエネルギーもかかる。

耐震改修することが必要である。

2. 過去の教訓を糧に

このような状況は初めて目にするものでは無く、1995年阪神淡路大震災、2005年福岡県西方沖地震、2011年東日本大震災など大地震の度に見られた。地震の多い日本に暮らすならば、過去の教訓を糧に、日頃から地震に備えると共に、万一被災した場合に取るべき行動や、復旧に向けた考え方を整理しておく事が大切である。

3. 東日本大震災で起きたこと

東日本大震災の時、東京ではライフラインが寸断され、鉄道が止まり、道路は自宅を目指す人と車で埋め尽くされ、多くの帰宅困難者が出た。コンビニからは食料が消え、運動靴や自転車が売り切れた。そのような中、マンションの建物被害は、共用廊下やバルコニーなどの壁にヒビが入りコンクリートが剥落したり、玄関ドアや窓サッシ等開口部が変形し、閉じ込められた。また、設備では、水槽、設備配管や貯湯式電気温水器などの破損による漏水事故が多発した。

4. 被災したマンションで起きたこと

日頃から防災訓練を実施ししていたマンションでは、地震後数時間で管理組合の震災復旧本部が設置され、インフラ復旧班、買い出し班、情報収集班など手際よく復旧に取り組み、震災後も住み続けるマンションがあった。反対に、住民が生活できないとあきらめ避難し、管理組合が機能しなくなったマンションもあった。

被災したマンションは、速やかに震災復旧をしたくても、交通など移動手段さえ満足でない状況で、建築関係者も建築資材も不足する中、日常生活を取り戻すべく取り組むが、思うように行かず不安が募っていく。

写真5・写真6
ピロティの柱や梁のかぶりコンクリートが剥がれた程度で、柱や梁の被害は部分的で軽微だが、非構造壁が大きく壊れ調査中のマンション

写真7・写真8
非構造壁が壊れ、復旧への道筋が立たない中、生活のため住民が次々に引っ越したマンションと被災ゴミ

5. 震災復旧は時間軸で考える

震災復旧の手順は、発生直後の時期に行われる「応急危険度判定」、その後やや混乱が落ち着いた時期に行われる「被災度区分判定」、そして混乱が安定した時期に行う「震災復旧」というように時間軸で考えるとわかりやすい。

1) 被災状況点検　大きな揺れがおさまった直後
　　　（地震後～1・2日）

現地に居る管理組合の方や、管理員が協力して行う自主点検で、建物で壊れている所が無いか点検し、割れたガラスなど破損物があれば片付け、危険な場所があれば立入り禁止や通行止めとし、2次災害を防ぐ。原則として、自分たちで出来る範囲で行うが、設備配管からの漏水やエレベーターの点検などは、専門家に依頼する。(写真9～13)

2) 応急危険度判定　発災直後の時期
　　　（数日～1・2週間　地震規模による）

応急危険度判定は、余震等による建築物の倒壊危険性や、その付帯物の落下・転倒危険性を判定し表示し、2次災害を防止する事が主な目的で、行政職員や民間の応急危険度判定士などが被災自治体に協力して行う。判定結果に応じて、建物に「危険(赤色)」「要注意(黄色)」「調査済(緑色)」のステッカーを表示し、立ち入りの可否等の情報を提供する。従って、危険の赤紙が貼られても、必ずしも建物の倒壊を示すものでは無い。(写真14～16)

3) 管理組合の体制作り

管理組合が震災復旧に向けて進むには、理事会を中心に自分たちで考え行動するための体制を作る。その際、刻々と変わる震災後の状況の中で、技術的判断や合意形成手続きについてアドバイスしてくれる建築士などの専門家をパートナーに迎え、相談しながら進められると心強い。

写真9　発生直後　震災点検
現地にいる住民や管理員が協力し、建物の被災状況を点検する。

写真10　震災点検から応急処置
屋上で給水横主管から漏水を発見し、応急処置を設備工事会社に依頼した。

写真11　被災状況点検　地震後
エキスパンションジョイント金物が外れた。隙間に人が落ちる危険がある。とりあえず注意喚起し2次災害を防いだ。

写真12　応急措置　地震後2～3日
手元にあったベニヤなどを用い、応急措置を行った。

写真13　混乱が落ち着いた時期　震災復旧
施工会社に依頼し、速やかに復旧すべく努力したが、実際には混乱が落ち着いてからの工事となった。

写真14・写真15　益城町民体育館
天井が落下し2次災害の危険が有り、危険の赤紙が貼られたが、建物の倒壊を示すものでは無い。

4）建物の被災度を知る被災度区分判定
やや混乱の落ち着いた時期

　管理組合が被災レベルを把握するには、被災度区分判定を受ける。被災度区分判定は、被災建築物の主として構造躯体に関する被災度の把握と、その継続使用のための復旧の要否判定を目的とし、建築物の早期回復を目的として行う。被災度区分判定は、管理組合が建築構造技術者に依頼し、管理組合はその報告を受けて建物の被災度を把握する。

　被災度区分判定による建物被害の物的度合いを「被災度」といい、「軽微」「小破」「中破」「大破」「倒壊」の5ランクで示す。［表］

表　過去の地震被害調査における被災度の定義

	ランク	被害情況	スケッチ
被害軽微	I	柱・耐力壁・二次壁の損傷が、軽微かもしくは、ほとんど損傷がないもの．	
小破	II	柱・耐力壁の損傷は軽微であるが、RC二次壁・階段室のまわりに、せん断ひびわれが見られるもの．	
中破	III	柱に典型的なせん断ひびわれ・曲げひびわれ、耐力壁にせん断ひびわれが見られ、RC二次壁・非構造体に大きな損傷が見られるもの．	
大破	IV	柱のせん断ひびわれ・曲げひびわれによって鉄筋が露出・座屈し、耐力壁に大きなせん断ひびわれが生じて耐力に著しい低下が認められるもの．	
崩壊	V	柱・耐力壁が大破壊し、建物全体または建物の一部が崩壊に至ったもの．	

出典：震災建築物の被災度区分判定基準および復旧技術指針　2015年改訂版　発行（一財）日本建築防災協会

1.3 適用の手順

被災建築物の被災度区分判定および復旧は、図Ⅱ.1.3-1のフローに従って行うものとする。

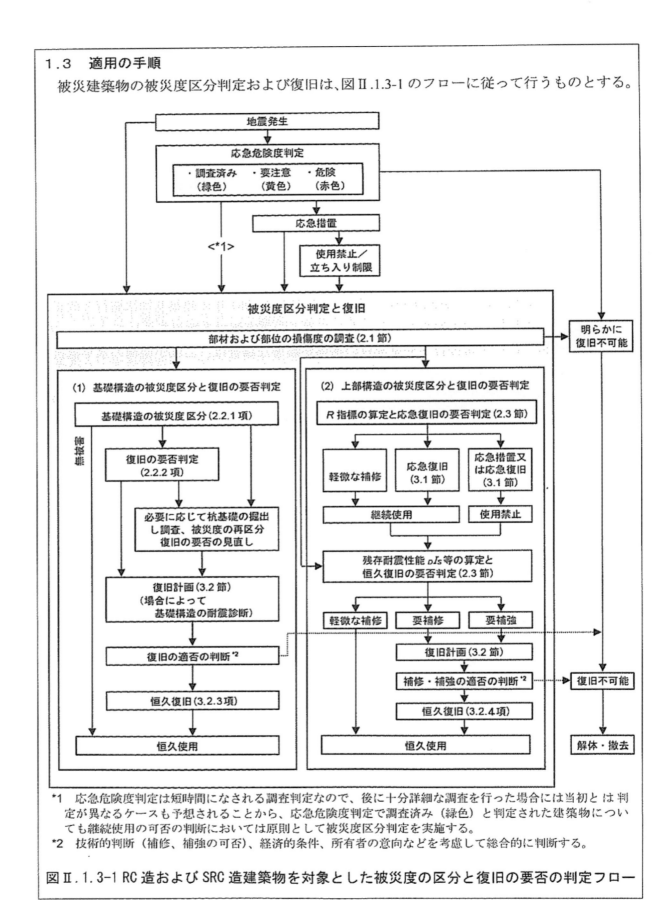

*1 応急危険度判定は短時間になされる調査判定なので、後に十分詳細な調査を行った場合には当初とは判定が異なるケースも予想されることから、応急危険度判定で調査済み（緑色）と判定された建築物についても継続使用の可否の判断においては原則として被災度区分判定を実施する。
*2 技術的判断（補修、補強の可否）、経済的条件、所有者の意向などを考慮して総合的に判断する。

図Ⅱ.1.3-1 RC造およびSRC造建築物を対象とした被災度の区分と復旧の要否の判定フロー

出典：震災建築物の被災度区分判定基準および復旧技術指針　2015年改訂版
　　　発行（一財）日本建築防災協会

5）マンションは直して住み続けることが出来る

共用廊下の玄関扉とアルミサッシの間のコンクリートの壁にヒビが入り、玄関扉が歪み開閉に支障が出たり、剥がれて穴があき、中の鉄筋が見えるような被害も起こる（写真17）。雨がかかる外壁ならば雨漏りする場合もあり（写真18）生活への支障は大きく、住民からすれば建物が壊れたと思う。ところがこれらの壁は構造的には、耐力を期待していない非構造壁で、骨組みとなる柱や梁の損傷が無ければ、直して住み続けることができる。（写真19、20）

6）管理組合の判断と住民への説明

管理組合は被災度区分判定結果から、被災度を把握した上で、復旧方法や範囲を検討し、動揺している住民に速やかに説明することが求められる。但し、被災度区分判定の結果が出ても、建築物の復旧方法については、構造形式、被害状況、採用する復旧工法、復旧にかかるコストや時間など様々な要因から総合的に判断する必要があり、専門家が最良と考えても、一方的に決めることは出来無い。管理組合は、専門家のアドバイスを受けながら、復旧方針をたて、同時に管理組合員に状況を説明し、合意形成を図りながら建物の復旧に向けて進めていく。

7）復旧計画

復旧計画は、被災状況によって違う。マンションの改修工事は居ながら改修が原則だが、被災度が高い場合は、一旦引越して改修する場合もある。

例えば、外壁が被災した場合は、足場を全面架け点検し改修するのか、あるいは不具合の著しい所だけ部分的に架けるのか。あるいは足場を架けずに、共用廊下側の手の届く範囲だけで済ませるのか。損傷度、雨漏りやタイルの剥落など不具合の有無、バルコニー側の被災程度、次回大規模修繕の時期など多面的に検討する。

写真17　非構造壁のひび割れ
玄関ドアとアルミサッシの間の非構造壁のひび割れ。コンクリートが剥がれ、鉄筋が露出している。

写真18　非構造壁のひび割れ
外壁の妻壁に入ったひび割れ。タイルもひび割れ、一部剥落した。雨がかかるところでは漏水に繋がる。

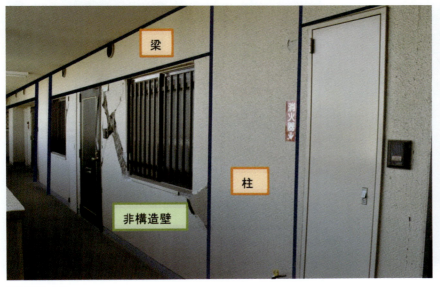

写真19・20
柱や梁の損傷が無ければ、非構造壁が大きく損傷しても、直せば住める。建築士に依頼し、被災度区分判定を行い判断する。

8）震災復旧　安定した時期

被災程度が軽く余震に対して倒壊しない程度の耐震性能が確認された場合や、応急復旧で被災前の耐震性能と同程度となる補修や補強をした場合、恒久使用が認められるまで一時的に「継続使用」することができる。「恒久使用」するには、現行の建築基準法や耐震改修促進法等で規定されているレベルに性能を引き上げる補修や補強を行う必要があり、旧耐震基準の建物を恒久使用するには、耐震診断を行い必要な場合は耐震改修を行うことが求められる。

5. 共用廊下などの非構造壁のクラック復旧事例

紹介する2つの事例は、新耐震基準の建物で経年が浅く、ほぼ同年代に建設されたマンションである。両方とも構造躯体の損傷は無く、非構造壁の被災度が高く、被災状況は似ていたが復旧方法は異なった。

[事例1]　住みながら改修した事例

住みながら改修した事例は、外壁は足場を架けずにゴンドラで改修し、非構造壁のクラックは、自動式低圧エポキシ樹脂注入工法で補修し、玄関扉は枠ごと撤去し更新した。また、1階駐車場がピロティ形状だったので、後打ち壁を増設し、新築当初より耐震性を高める改修工事も同時に実施した。（写真21・22）。

[事例2]　引越して改修した事例

引越して改修した事例は、外壁は足場を架け改修し、非構造壁のクラックは、損傷した非構造壁をハツリ取り、壁を作り直し、玄関扉やアルミサッシも更新した。（写真23・24）。

6. 確実に必ずやってくる大地震に備える

近いうちに起きるとされる大地震に対し、過去の教訓を活かして備えたい。（公財）マンション管理センターや各自治体で、災害対策チェックリストなどの冊子を発行し、震災対策を促している。住民自らが地震の際に何が起きるか想定し、出来るところから対策する。そして、震災対策マニュアルを作り、実際に防災訓練を行うことが大切である。基本行動を繰り返し行う中で、居住者の意識が高まり習慣になり、地震の際に各自が役割を意識し、自然に対応するようになっていく。（写真27・28）

（今井　章晴）

写真21　住みながら改修した事例
非構造壁のクラックを住みながら改修した。
クラックは自動式低圧エポキシ樹脂注入工法で補修し、玄関扉は枠ごと撤去し更新した。

写真22　震災復旧と同時に耐震改修を実施した事例
1階駐車場がピロティ形状になっていたため、後打ち壁を増設し、復旧工事と共に耐震改修を実施し耐震性を高めた。

写真23・24　引っ越して改修した事例
共用廊下の玄関扉とアルミサッシの間の非構造壁にヒビが入り、玄関扉が歪んだ。

写真25・26　引っ越して改修した事例
非構造壁をハツリ取り、壁を作り直すため、引っ越して改修した。

写真27　防災訓練
地震を想定し実際に行う。基本行動を繰り返し行うことで、居住者の意識が高まり防災訓練が習慣になる。

写真28　防災訓練
受水槽から水を取水するための、緊急時取水ユニットの着脱方法も確認する。

3-④ 傾いた被災建物の修復

　地震被災の中で、建物が傾く被害が多くあり、その傾きにより被災程度が決められる判定基準がある。この判定はその建物の修復可能性については言及してなく、単に被災後も安全に居住可能か否かの判定であるにもかかわらず、近年の地震では、多くの修復再利用が充分に可能な傾いた被災建物が、不必要にも解体撤去されている。

　阪神淡路大震災では、比較的多くの傾いた建物が修復された。この傾いても修復できる非木造の建物は、地盤が傾斜したか、杭が破損した場合、逆に言えば基礎下が損傷したため、一種の免震構造になり、上部構造の損傷は少ない例が多い。古くは、新潟地震では多くの傾斜した建物が修復されている。記録[※1]によると、当時市内にはRC造の総建物1,350棟のうち340棟が地盤崩壊で傾き、約50棟が修復されたといわれている。阪神淡路大震災でも、㈱安倍工業所（現安部日鋼工業㈱）が2階から6階建ての17棟の建物を修復した。

　また数多くの木造建築物が、〝家起こし〟という木造伝統技術で修復された。建築は非構造部材と構造部材により構成されており、構造部材の残存耐震性能で、解体の可否を判定すべきにもかかわらず、特に近年は、構造部材に修復不能な損傷が無いにもかかわらず非構造部材の損傷により解体される建物が多く、識者の間で問題になっている。したがって、傾いた建物の修復には前提として構造躯体の損傷が少なく安全性を保てるかの検討が必要で、この検討は、日本建築防災協会の認定する被災度区分判定員による有償判定が条件になる。

1. 傾斜の原因

　RC造建物で、そのまま傾斜した建造物は、杭基礎の場合、杭破損杭の沈下が原因である。直接基礎の場合は液状化などによる地盤流出が考えられる。鉄骨造の場合は残留歪などの被災もあり、上部の躯体が損傷している例も多く注意が必要である。杭の破損調査には、杭頭を露出させて診断する打振法診断、対象杭のそばにボーリング開孔し、杭全長を横から電磁波で測定する検査などがあり、杭の折損個所の判定は容易に出来る。また砂質の地盤では、地震により水と砂が分離する液状化が発生し、地耐力が不安定化し建物が傾斜する例も多い。杭の沈下はレイリー波による調査で判定出来る。

2. 傾斜の修正法

　傾斜原因が杭の場合は、新たな杭を基礎下で施工する。この工法はアンダーピンニング工法と言われ行われている一般的な工法である。最近では免振装置の設置に利用され、より洗練されている。基礎下での工事でもあり、建物の下を、新たな杭で建物を支持しながら全面掘削し、旧杭を切断、新杭に新しい基礎を支持させる。この作業は全支持場所にジャッキをセットし、全体の水平を保たせる。基礎下で新たに施工する杭は、杭打設施工高さが制限されるので、現在は2m程度の鋼管杭をねじ込みで繋いでいく工法により施工される。近年ジャッキの高さ制御と稼働重量が飛躍的に改善され、各ジャッキ共独立に0.5mm単位で制御可能といわれ、全ジャッキを1か所の制御盤で、同時に全体を制御でき、建物全体を水平に設置できる。木造や、直接基礎の修正は、地盤改良が必要になる。地盤改良後に同様にアンダーピンニング工法で水平に設置する。簡易な傾斜の場合は、特殊な地盤改良工法として、コンパクショングラウチング工法が採用されることも多い。この工法は圧入地盤改良の一種で、ほぼスランプ0に近い地盤改良剤を、重なった団子のように順次地盤内に注入する工法で、直接下部から構造体を持ち上げる工法なので、強度は出るが精密な制御は難しい。従って土木的な構造物などの修復に使用されることが多い。

3. アンダーピンニング工法の例

基礎下を掘削排土する。

杭頭補修（岡部則之）

水平のジャッキによる調整（岡部則之）　　新基礎と旧基礎を接合（岡部則之）

4. 傾斜した建物を修復した例（非木造）

杭が破損し建物が傾く（岡部則之）　　基礎下の掘削（岡部則之）

新規杭と新基礎（岡部則之）　　レベル制御（岡部則之）

５．傾斜した建物を修復した例（木造）

輪島市黒島板本家（岡部則之）

地震で傾斜した板本家（板本勝雄）

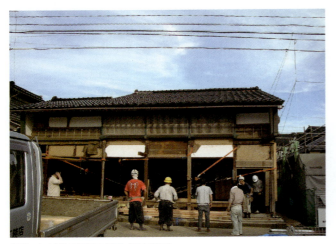
家起こし技術で傾斜を修正（板本勝雄）

家起こしで内部の傾斜を修正（板本勝雄）

ジャッキにより水平に修正（板本勝雄）

修復後の黒島のお祭り（板本勝雄）

注：（　）内氏名は撮影者名

（岡部　則之）

傾いた被災建築物の修復

非木造建築の修復例

木造建築の修復例

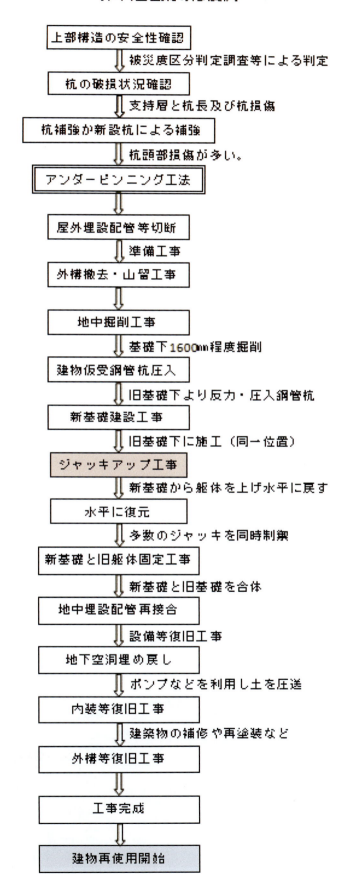
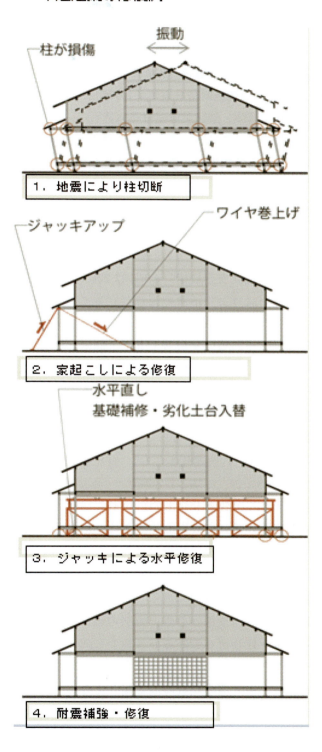

復興、街づくり、設計へ

1. 熊本地震の調査から見えてきたこと
2. 東京都の木造住宅密集地域での対策の遅れ。
3. 耐震性能が低い建物への働きかけの強化
4. 「特定緊急輸送道路沿道事業」の検証
5. 安易な解体・建替えは避けるべき
6. 雑壁の設計では被災後の復旧を考慮すべき
7. これからのまちづくり・設計に生かすこと

1. 熊本地震の調査から見えてきたこと

NPO耐震総合安全機構(JASO)は2004年にNPO法人の認可を受け、生活者の視点に立って、建物の耐震総合安全性について調査研究及び診断、評価、計画など、多くの事例を扱ってきた。同時に東日本大震災に際しては、数次に渉る現地調査を行い、そこで得られた知見を報告書やパンフレットなどの媒体で社会に向けて発信を行ってきた。熊本地震の現地調査は2次に渉っておこなった。今回の熊本地震は人命の被害が87人(関連死を含む)。住宅被害は16万5千棟(全壊8千棟、半壊2万7千棟、一部損壊13万棟)という大きな被害が発生した。壊れた建物と壊れなかった建物の差はどこから生じたのか。複数の原因が複雑に絡み合って建物被害に大きな違いを生じたように見える。今回の熊本地震からくみ取るべき教訓は多様でかつ複合的である。我々がこれまで行ってきた耐震診断や補強計画の方法の適否、及びそれらの結果を建物所有者あるいは社会に向けて有効に生かしてきたのかについて検証する機会になったと思われる。短期間の調査時間で知りえたことには限界があるが、これまで培った実務者としての経験から気付いたことを社会に明らかにし、今後の活動に生かしていくこともこの報告書の目的である。

2. 東京都の木造住宅密集地域での対策の遅れ

益城町で倒壊した多くの木造住宅群は旧耐震基準の建物が多かった。熊本地震では木造住宅の倒壊による死者の数が多数を占めている。幸い火災による被害は少数の例が報告されているだけであるが、地震発生の時期と時間が幸いしたことと、ガスや電気の耐震装置の普及による部分もあったのではないかと思われる。建築学会が行った、益城町の被害を受けた木造住宅の被害調査によると、木造住宅が全壊・倒壊した要因として、①建設年代が旧耐震基準、②設計基準を超える入力地震動、③地盤・基礎の変状(断層運動によるズレを含む)、④シロアリによる腐朽・接合金物などの施工不備、が指摘されている。東京都内の山手線外側に円環状に広がる木造住宅密集地域は13000haあるとされ、高度経済成長期に建築され老朽化した木造住宅が密集して建っている。益城町と似たような状況であることが想定され、耐震化・不燃化が急がれている。30年以内に発生する確率が70%と言われる首都圏直下地震に対する備えは緊急性を要する。JASOは「木造住宅密集地域の不燃化・耐震化を考える研究会」を組織し、空き家対策、地域包括医療などと組み合わせた「地域(コミュニティ)ぐるみ」で防災を考えることの重要性を指摘し、共同化などの解決策を提言してきた。しかしながら、行政側で用意している対策は建替え促進と道路拡幅などに限られており、耐震化、不燃化の遅れは顕著である。地震対策以外にも火災対策、避難ルートの確保、避難場所の整備、仮設トイレ、非常食など、コミュニティ単位で事前に検証すべき課題は多様であり、熊本地震から学ぶ教訓は多い。

倒壊した木造住宅群

3. 耐震性能が低い建物への働きかけの強化

熊本地震の前に実施された耐震診断の結果、耐震補強が必要であるという診断結果が出ていたにもかかわらず、適切な対策が遅れたために甚大な被害を受け、解体やむなしとなった宇土市庁舎の例がある。X，Y方向ともにIs値が0.3を下回るフロアーが多かったが、宇土市は建て替えの方向で検討はしていたものの、予算措置の問題で結論が延び延びになっていたという事で、今回の地震被害をこうむることになった。前震の被害が比較的小さく、本震が来たときには内部に人がいなかったために、人的被害が出なかったことがせめてもの救いである。JASOがこれまで精密診断を行った非木造建物はここ10年で概ね300件を超える。耐震診断の結果、構造耐震指標Is値0.3を下回る建物も少なくないが、実際に耐震補強が済んだ例は10数件と、極めて少ない。耐震診断の結果を真摯に受け止めて、耐震補強などの適切な対策を取ることの重要性が明らかになったが、該当する建物に対する働きかけを急ぐ必要がある。

崩壊した宇土市役所

4.「特定緊急輸送道路沿道事業」の検証

JASOは事業の柱の一つとして、東京都の「特定緊急輸送道路沿道建築物耐震化促進事業」に積極的に取り組んできた。都は今年度より更にこの事業にテコ入れするために、事業年度を延長し更に新たな支援策を用意している。今回の熊本地震で熊本市の中心市街地の通りでは、沿道建築物の被害はほとんど見られず、道路を閉塞して緊急輸送車両の通行が阻害され救援活動に支障が出たという例は、軽微なものを除けば、殆ど報告されていない。熊本市内の緊急輸送に必要な道路の沿道建物の構造種別、建設年代などの調査と道路閉塞の事例の調査が行われ、状況と原因が明らかになれば、都の沿道事業にも有益な資料が得られるように思う。大きな事業費を掛けた事業であり、今後の沿道事業の有効性を確保する意味でも、検証することを期待したい。

1階が崩落した沿道建物

5. 安易な解体・建替えは避けるべき

被災地では、木造以外のRC建物でも既に解体が始まっている例がある。1階ピロティの層崩壊など、解体やむなしの例もあるが、「応急危険度判定」による「赤紙」に所有者や管理組合が惑わされている例があるようである。応急危険度判定は、本来は余震などの二次被害を防ぐための緊急措置であり、安全側で判断するために「赤紙」が多く貼られている。本来は被災後の建物の耐震性能を評価する「被災度区分判定」による「全壊」「大規模半壊」「半壊に至らない」という判定を判断基準にするべきである。判定の違いにより行政からの支援も異なり、建替えを選ぶか、耐震補強による改修を選択するかについても、必要な費用に大きな差が発生する。「応急危険度判定」と「被災度区分判定」との混同により、赤紙が独り歩きをしている例もあり、解体や建替えを勧める業者の見積もり攻勢もあるという。耐震改修が可能な建物はストック活用の見地からも、解体に伴う廃棄物を減らす意味からも、極力改修して使い続ける必要がある。

今後の方向を選択・決断するために苦慮している所有者や管理組合に対し、行政や専門家による迅速で的確なアドバイスが求められている。JASOはこれまで被災前の建物の耐震性能を検証する耐震診断の経験を多く重ねてきた。この経験を生かし、被災した建物の被災度区分判定のスキルを高め、適切な改修方法を提案することで、コストを抑え良好なストックを蘇らせることを提案できれば、社会的な要請に適うと思われる。被災して傾いたRCマンションを、居ながら改修する技術も適用事例は少なくない。解体を決定するまえに、慎重で適切なアドバイスが期待されている。

応急危険度判定の赤紙

6. 雑壁の設計では被災後の復旧を考慮すべき

地震によって主要構造部（柱・梁など）以外の雑壁に入ったひび割れは、住民から見ると重大な損傷に見える為に、大きな不安要因となる。耐震補強設計においても、耐震壁以外の壁で、柱や梁に接続している雑壁（非構造壁）に耐震スリットを施すことで、主要構造部の柱が極短柱になり、せん断破壊することを防ぐ方法を採用する例が多い。今回の熊本地震における雑壁の破壊状況を見ると、復旧工事を行う際に、破壊された雑壁の修復が、困難を伴う例が少なくない。最近の共同住宅の新築例では、廊下側やバルコニー側の雑壁をプレコンやALCにする例も見られる。水平スリットを梁とか床との間に設けること

で、雑壁の破壊を減らす方法もあり、復旧工事をやり易くする意味で、新築または耐震設計の段階で積極的に検討する必要がある。

破壊された雑壁

7. これからのまちづくり・設計に生かすこと

「都市事前復興訓練」という考え方のもとに、災害が起こる前に事前に復興課題を点検・整理し「都市復興基本計画」から「復興まちづくり計画案」の作成までを行う試みが、数年前から東京都の主導で市町村の職員を中心に行われている。具体的な対象地区を選び、「東京都震災復興マニュアル」に基づいて検証するというものである。実際に地震などの災害が発生してから復興まちづくりを考えるのではなく、将来確実に襲ってくることが想定される首都直下型地震や東南海大地震などの大規模な自然災害に対する備えを、災害が起こる前から考えておくべきという趣旨である。これまでの耐震補強の考え方は、「命を守る耐震補強」の側面が強かったが、これからは「命と生活を守る耐震補強」へと、考え方を拡げる必要がある。JASOがこれまで行って来た耐震診断や補強計画づくりについても、建築二次部材や各種設備機器の耐震対策も含め、更に被災後の復旧・復興を見据えた「耐震診断・設計マニュアル」が整備されると有効である。検討を始める時期に来ていると思う。

（河野　進）

執筆者一覧

氏　名	所属会社名
安達　和男	Adachi Archi Associate
今井　章晴	㈱ハル建築設計
江守　芙実	江守設計一級建築士事務所
岡田　和広	㈱耐震設計
岡部　則之	㈲岡部則之計画工房
菊地　守	アーキタイプ建築設計事務所
鯨井　勇	㈱藍設計室
河野　進	㈱河野進設計事務所
近藤　一郎	㈲プラナーク設計
佐藤　寿一	耐震総合安全機構
長尾　直治	
仲村　元秀	㈱ジェス診断設計
中田　準一	
原田　光政	原田構造研究室
堀尾佐喜夫	堀尾総合技術士事務所
三木　哲	㈲共同設計五月社一級建築士事務所
三木　剛	㈲共同設計五月社一級建築士事務所
宮城　秋治	宮城設計一級建築士事務所
森本　伸輝	㈱モリモトアトリエ

写真・表　紙：熊本市内　一階が層崩壊したマンション
　裏表紙：熊本城　被災した天守閣と石垣

本書の出版には次の方たちの協力を頂きました。
感謝いたします。

(敬称略・順不同)

須賀工業㈱	今井章晴
田中　孝	アサヒボンド工業㈱
建装工業㈱	近藤一郎
㈱ケーエフシー	鯨井　勇
㈱小河原建設	URD建築再生総合設計協同組合
化研マテリアル㈱	共同設計・五月社
泉幸工業㈱	仲村元秀
白石健次	宇部興産㈱
富士テクノ㈱	河野　進
安達和男	宮城秋治
富士熱学工業㈱	菊地　守
佐藤寿一	青木あすなろ建設㈱
㈱ベン	堀尾佐喜夫
江守芙実	森本伸輝
㈱アイ・エス	中田準一
アクシス㈱	公益社団法人 日本建築家協会
畑中　篤	関東甲信越支部　メンテナンス部会
バイロン㈱	
岡田和広	NPO耐震総合安全機構(JASO)

くらしつづける街と建築へ

2016年 熊本地震　被害記録と提言

定　価	本体価格　3,700円(＋消費税)
発行日	平成28年12月20日　第1版第1刷
著　者	JASO 耐震総合安全機構 東北津波被害調査特別委員会 〒112-0013　文京区音羽1-20-16 PAL音羽ビル7階 TEL：03-6912-0772
発　行	㈱テツアドー出版 〒165-0026　東京都中野区新井1-34-14 TEL：03-3228-3401

ISBN 978-4-903476-58-2